60 COSAS que DIOS Dijo sobre SEXO

Lester Sumrall

WHITAKER HOUSE

Nota del editor:
El material original se citó en el texto es la representación del traductor del la citas, que fueron escritos originalmente en inglés.

A menos que se indique lo contrario, todas las citas bíblicas son tomadas de la versión *Santa Biblia, Reina-Valera 1960* (RVR), © 1960 Sociedades Bíblicas en América Latina; © renovado 1988 Sociedades Bíblicas Unidas. Usadas con permiso. Las citas bíblicas marcadas (NTV) son tomadas de la *Santa Biblia, Nueva Traducción Viviente,* © 2008, 2009 Tyndale House Foundation. Usadas con permiso de Tyndale House Publishers, Inc., Wheaton, Illinois 60189. Todos los derechos reservados. La cita bíblica marcada (LBLA) es tomada de *La Biblia de las Américas*®, © 1986, 1995, 1997 por The Lockman Foundation. Usadas con permiso. Derechos reservados. (www.LBLA.org).

Traducción al español realizada por:
Belmonte Traductores
Manuel de Falla, 2
28300 Aranjuez
Madrid, ESPAÑA
www.belmontetraductores.com

60 Cosas que Dios Dijo sobre Sexo

Publicado originalmente en inglés bajo el título: *60 Things God Said about Sex*

ISBN: 978-1-60374-976-3
eBook ISBN: 978-1-62911-043-1
Impreso en los Estados Unidos de América

Whitaker House
1030 Hunt Valley Circle
New Kensington, PA 15068
www.whitakerhouse.com

Por favor, envíe sugerencias sobre este libro a: comentarios@whitakerhouse.com.

CONTENIDO

INTRODUCCIÓN

Nuestro mundo moderno está saturado del tema del sexo. La industria del entretenimiento, anuncios comerciales, e incluso los libros de texto de nuestras escuelas rebosan del tema. Estridentes voces charlan sobre sexo casi en todas partes donde uno va. Parece ser el tema de conversación favorito.

Gran parte de la conversación que se oye es fría y fáctica, incluso cínica, porque las personas están fascinadas por la simple mecánica del sexo. Algunas están ansiosas por comparar notas acerca de técnicas sexuales; a otras les gusta contar chistes con matices sexuales, chistes que estimulan deseos sexuales o suponen que quien escucha tiene una perspectiva pervertida del sexo. Y gran parte de la "conversación sobre sexo" que nos rodea no es conversación en absoluto, sino una serie de sutiles alusiones al sexo: una pausa en su momento, un guiño o un gesto furtivo.

La mayoría de personas a quienes les gusta hablar de sexo ridiculizan la discreción de los puritanos o los victorianos; pero irónicamente, ¡ellas mismas son igual de discretas sobre sexo!

Solamente pueden hablar de sexo de manera críptica y sugerente porque en realidad no saben (o no pueden expresar) lo que significa el sexo para ellos. No han llegado a entender el verdadero propósito del sexo.

Siguen siendo como desgarbados adolescentes que se ríen y se sonrojan cuando piensan en los hechos de la vida. Es triste decir que muchos cristianos siguen estando en esa etapa.

Y por lo tanto, el sexo se ha convertido en el aspecto de la vida humana del que más se habla pero el que menos se entiende. Creo que es justo decir que al final del siglo XX estamos viviendo en la Edad Media sexual. Escuchamos más sobre sexo que nuestros padres o abuelos oyeron jamás, pero entendemos mucho menos. ¿Por qué? Porque hemos olvidado la *raison d'être* del sexo, la razón de su existencia.

Imagine que fuese usted un nativo en la selva que encontrase un Cadillac aerotransportado a la Amazonia para un anuncio de televisión. Usted hablaría con sus amigos sobre ello desde la mañana hasta la noche. Tocaría su brillante cubierta y miraría su afelpado interior. Desarrollaría una extraña vinculación con él, una mezcla de curiosidad y temor. *Pero usted no sabría por qué estaba ahí.* Sabría tan poco sobre los Cadillac como siempre; incluso menos, ¡porque habría adquirido algunas extrañas ideas erróneas mientras tanto!

Y así sucede con el sexo. La persona promedio habla de sexo, ve sexo, piensa en sexo y sueña con sexo, pero es totalmente ignorante del propósito de Dios para el sexo. Y por lo tanto, tenemos toda una nueva constelación de profesiones "asistentes" que intentan desenredar el nudo de las confundidas costumbres sexuales de América. Abogados de familia se abren paso a través de una ciénaga de casos de divorcio acaloradamente disputados, muchos de ellos relacionados directamente con problemas sexuales. Las salas de espera de los psiquiatras están llenas de personas angustiadas por problemas sexuales. Los trabajadores sociales ofrecen objetos de planificación familiar y abortos gratuitos a las muchachas adolescentes, y sus teléfonos suenan las veinticuatro horas del día.

Toda esta agonía, toda esta confusión, todo este ignorante balbuceo acerca de sexo sencillamente me rompe el corazón. Me encuentro diciendo: "Señor, ayúdame a decir a estas personas la verdad sobre el sexo. Permíteme mostrarles lo que tu Palabra dice al respecto. Abre sus ojos al gozo y la satisfacción del sexo tal como tú quisiste que fuera".

Nuestro país necesita escuchar lo que Dios dice sobre sexo. Él no ha cambiado sus normas morales para adaptarse a una generación despilfarradora. Él no ha cambiado su plan para que hombres y mujeres encuentren felicidad sexual en el matrimonio. Dios nos creó como criaturas sexuales, y debiéramos entender el patrón que Él quiso que siguiéramos en nuestras relaciones sexuales. Dios dice: "*Mi pueblo fue destruido, porque le faltó conocimiento*" (Oseas 4:6). El sexo es un ejemplo perfecto de la verdad de esta afirmación; necesitamos desesperadamente buscar el propósito de Dios en esta área de nuestras vidas.

La Palabra de Dios incluye una increíble abundancia de información sobre sexo. Casi cada libro de la Biblia menciona el sexo, ya sea directamente o indirectamente. En las páginas siguientes veremos sesenta pasajes clave con respecto al sexo y a la moralidad relacionada con el sexo. Este estudio de ninguna manera es exhaustivo, y le aliento a que profundice en la Palabra para aprender más de lo que Dios dice sobre sexo. Pero espero que sea usted iluminado y desafiado por los estudios en este libro, al igual que yo encontré nuevas perspectivas al prepararlos. Creo que pueden ayudarle a encontrar una vida más feliz y más significativa.

—*Lester Sumrall*

1

EL IMPULSO SEXUAL

El sexo debería ser utilizado, pero en su lugar y momento apropiados, según el plan de Dios. Dentro de ese plan, el instinto sexual es bueno, una potente fuente de vida y unidad entre dos seres. Fuera del plan de Dios, rápidamente se convierte en un medio de división, una fuente de crueldad, perversión y muerte.
—Walter Trobisch[1]

La Biblia es un libro sobre sexo. Es un libro sobre la creación de la humanidad por parte de Dios y su relación continuada con nosotros, tocando cada aspecto de nuestras vidas. Es un libro sobre nacimiento, crecimiento, madurez y muerte; un libro sobre amor, odio, desesperación y esperanza; un libro sobre hambre, dolor, placer y éxtasis; y un libro sobre sexo.

La Biblia habla honestamente sobre el impulso sexual humano. De hecho, es más clara y honesta al describir el impulso sexual que muchos de los denominados manuales sobre sexo publicados en años recientes. Por ejemplo, echemos un vistazo a Jueces 14:1–2. Este pasaje describe cómo un joven israelita llamado Sansón visitó el territorio filisteo de Timnat. Notemos lo que sucedió cuando Sansón regresó a su casa. En cuanto vio a su madre y a su padre, dijo: *"Yo he visto en Timnat una mujer de las hijas de los filisteos; os ruego que me la toméis por mujer"* (Jueces 14:2).

¿Acaso no resulta eso familiar? Un joven ve a una joven atractiva y en un primer impulso dice: "¡La quiero!".

Me recuerda la historia sobre un viejo ermitaño y su hijo que vivían muy lejos en las montañas, separados de cualquier otro ser humano. El muchacho nunca había visto a otra persona además de su padre. Finalmente, el viejo ermitaño decidió llevar al muchacho a la ciudad por su cumpleaños para que pudiera gustar por primera vez la civilización. Al caminar por la calle, pasaron al lado de un par de muchachas bonitas, y el muchacho dijo: "Pero ¿qué es eso?".

Al viejo ermitaño le agarró fuera de guardia. "Bueno, mm… Nada, hijo", le dijo. "Solo un par de gansos".

El muchacho pareció aceptar esa explicación, de modo que siguieron caminando.

Los dos pasaron un día completo visitando la ciudad, entrando a las diferentes tiendas. Algunos de los lugares donde se detuvieron eran vivaces establos, el aserradero y la tienda del herrero. Al final decidieron regresar a su casa; pero antes de irse, el viejo ermitaño dijo: "Hijo, me gustaría hacerte un regalo de cumpleaños. ¿Viste alguna cosa aquí que te gustaría tener?".

"¡Claro que sí!", dijo el muchacho. "¡Quiero un par de gansos!".

Independientemente de quién sea usted o de cuál sea su trasfondo, algo en su interior le atrae hacia el sexo opuesto. Dios le hizo de esa manera. Toda su creación está interrelacionada. Todas sus criaturas tienen parejas diseñadas especialmente para ellas.

Consideremos el reino vegetal. Cualquier agricultor le dirá que las plantas deben tener órganos masculinos y femeninos a fin de reproducirse. A menos que el polen toque el estambre, a menos que el esperma llegue a la semilla, la planta no puede reproducirse y no habrá cosecha alguna al año siguiente.

O consideremos el reino animal. Por cada macho hay una hembra, y viceversa. Cuando encontramos un pavo real en el bosque, podemos esperar encontrar cerca a una hembra de pavo real. Cuando encontramos a un león, una leona no estará muy lejos. Ambos sexos viven juntos, se protegen el uno al otro y traen nueva vida al mundo. Este es el patrón que Dios estableció cuando creó el mundo.

Lo mismo es cierto para los seres humanos. Dios nos creó como varón y hembra, y quiso que fuésemos atraídos el uno hacia el otro. Dios dio a cada persona un conjunto de fuerzas físicas —los psicólogos las denominan "impulsos o instintos"— que les capacitan para vivir y crecer. Uno es el instinto de *supervivencia*: la compulsión de protegerse a uno mismo, encontrar alimento para uno mismo y encontrar cobijo del mal tiempo. Otro es el instinto *religioso*: una manera de satisfacer la conciencia propia de la esfera espiritual. Y otro fuerte impulso, y quizá el que más se malentiende, es el deseo humano por el *sexo*. Es la compulsión de buscar y unirse con un miembro del sexo opuesto, para disfrutar del placer físico del sexo y para producir descendencia.

Muchos cristianos creen que el instinto sexual es malo, de modo que intentan reprimirlo o ignorarlo. Algunos incluso creen que el acto sexual fue el pecado original. Esa idea merece una atención especial, porque ha afectado a la conducta sexual de personas cristianas durante siglos.

San Agustín, uno de los grandes teólogos de la iglesia primitiva, sentía que el sexo era pecado. Agustín creía que el relato del pecado de Adán y Eva contra Dios (véase Génesis 3) utiliza lenguaje simbólico, y que el "fruto prohibido" en realidad representa al sexo. Él pensaba que Eva concibió y dio a luz hijos con dolor (véase Génesis 3:16) porque el sexo es pecado, y cualquier tipo de actividad sexual causa dolor. Según Agustín, los seres humanos deberían buscar el perdón de Dios incluso por pensar sobre sexo, y abstenerse siempre que sea posible. De hecho, Agustín dijo: los hombres y las mujeres que quieran ser rectos ante los ojos de Dios deberían vivir en celibato (es decir, sin ningún contacto sexual); sus seguidores creían que sus líderes deberían vivir en monasterios y conventos, sin ni siquiera conversar con personas del sexo opuesto.

Agustín era un buen teólogo, y sus ideas eran muy respetadas. Su entendimiento del sexo llegó a ser una norma de la iglesia, y aún seguimos sintiendo los efectos de su enseñanza. En su libro sobre moralidad sexual occidental, C. W. Lloyd dice:

> Los escritos de Agustín probablemente hayan ejercido más influencia en Occidente sobre el amor y la práctica sexual que los de cualquier otro hombre. Presentan la expresión más clara de la maldad innata en la pasión sexual, incluso dentro del matrimonio. Estas enseñanzas... dieron estructura teológica a sentimientos de culpabilidad y vergüenza en un impulso biológico. Sin embargo, la imposición de la doctrina de la culpabilidad

> sexual fue difícil. La lucha para imponer el celibato al clero... fue solo moderadamente exitosa hasta bien entrada la Edad Media.[2]

En otras palabras, a los cristianos les resultó difícil aceptar las ideas de Agustín sobre sexo. Ellos no estaban seguros de que Dios quisiera que vivieran en celibato. La iglesia tuvo que luchar para mantener a sus líderes obedientes a esta regla; de hecho, la prohibición sexual fue una de las primeras doctrinas de las que Martín Lutero y los otros grandes reformadores se apartaron. (Lutero mismo dejó un monasterio para casarse con una monja).

O bien Agustín estaba equivocado, o Lutero estaba equivocado, o ambos estaban terriblemente confundidos acerca del sexo. ¿Fue el sexo del pecado original? ¿Es el impulso sexual algo malvado? Notemos lo que Dios dice:

> 1. *Y creó Dios al hombre a su imagen, a imagen de Dios lo creó; varón y hembra los creó. Y los bendijo Dios, y les dijo: Fructificad y multiplicaos; llenad la tierra... Y vio Dios todo lo que había hecho, y he aquí que era bueno en gran manera.* (Génesis 1:27–28, 31)

Este pasaje indica que la creación del hombre fue muy especial ante los ojos de Dios. Dios utilizó sus manos para crear al hombre (véase Génesis 2:7), lo cual también manifiesta lo importantes y preciosos que somos para Dios. Todo lo demás, Él lo creó dando su orden: habló y dio existencia a las estrellas; habló y dio existencia al sol, la luna y la tierra; Él habló y dio existencia a las plantas y los animales. Pero hizo al hombre con sus propias manos, dándole forma del polvo de la tierra. Él sopló aliento de vida en la nariz del hombre; creó un jardín hermoso donde el hombre pudiera vivir (véase Génesis 2:8).

Obviamente, Dios se agradó con la persona que había creado. Se propuso hacer al hombre a su propia imagen, y quedó satisfecho con los resultados; Él sintió que el hombre era *"bueno en gran manera"*.

¿Qué más nos dice la Biblia acerca de esta persona a la que Dios creó *"a su imagen"*? Sabemos que Él creó a *dos* personas: personas de sexos contrarios. Y justamente después de que Dios crease al primer hombre y la primera mujer, les dijo: *"Fructificad y multiplicaos; llenad la tierra"*. Dios *ordenó* al hombre y la mujer tener relaciones sexuales para traer hijos al mundo. Habría sido pecado para ellos *no* haber practicado sexo. Habrían estado desobedeciendo una orden directa de Dios si no hubieran concebido hijos mediante el sexo.

Ninguna otra criatura en el universo puede dar existencia a otro ser humano. Los ángeles no pueden hacerlo, los animales no pueden hacerlo, ninguna otra criatura de ningún tipo puede hacerlo, a excepción del hombre y la mujer. Dios nos dio esta distinción especial. Somos las únicas criaturas que pueden traer a este mundo a otra criatura con un alma inmortal. Somos colaboradores de Dios en la creación espiritual. ¿No es eso asombroso? Y debería recalcarnos una vez más el propósito divino de Dios al dar a los seres humanos una naturaleza sexual, un impulso sexual.

No lo olvide nunca: el impulso sexual es dado por Dios. Usted no creó su propio impulso sexual; no fue creado por la televisión, las películas o las revistas sucias. ¡Dios lo creó! ¡Y Dios hizo que fuese *"bueno en gran manera"*!

Controlar el impulso sexual

Aunque el impulso sexual es bueno, debe ser controlado. Esto es cierto de cualquier impulso biológico o psicológico que

Dios nos ha dado. Imagine lo que sucedería si no controlásemos el impulso de comer. Estaríamos comiendo constantemente e indiscriminadamente. He oído decir en tono de broma que algunas personas "se comen cualquier cosa que no se las coma a ellas primero"; bien, si usted no controlase su impulso por la comida, eso sería literalmente verdad. Llenaría su plato repetidamente, e incluso podría intentar comerse el plato mismo. Estaría obsesionado con comer. Aunque el hambre es un impulso sano —un impulso que debemos satisfacer a fin de sobrevivir—, puede destruirnos si permitimos que esté fuera de control. Lo mismo es cierto del impulso sexual.

A la humanidad con una mente carnal le gustaría dar rienda suelta al impulso sexual, como podemos ver en gran parte de la sociedad actualmente. Casi cada ciudad tiene una franja de salones de masaje, *peep shows* y prostíbulos, donde las personas acuden para satisfacerse a sí mismas sexualmente sin ninguna inhibición o control. Si pudieran, dejarían que su impulso sexual corriese libremente día tras día, las veinticuatro horas del día. Un escritor británico concluyó tristemente:

> Sería mucho más fácil si, al igual que nuestros parientes monos, nosotros... fuésemos biológicamente más promiscuos. Entonces podríamos extender e intensificar nuestras actividades sexuales con la misma facilidad con que magnificamos nuestra conducta de limpieza del cuerpo. Al igual que sin daño alguno pasamos horas en el baño, visitamos masajistas, salones de belleza, peluquerías, baños turcos, piscinas, saunas o casas de baños orientales, del mismo modo podríamos permitirnos largas escapadas eróticas con cualquiera, en cualquier momento, sin la menor de las repercusiones.[3]

La Palabra de Dios condena este tipo de pensamiento. Un impulso sexual sin control destruirá el cuerpo. Al principio, tal indulgencia puede parecer agradable; al final, le destruirá.

Regresaremos a este asunto de la promiscuidad —permitir que el impulso sexual corra descontrolado— en un capítulo posterior. Por ahora, consideremos por qué el impulso sexual debería ser controlado y cómo puede ser controlado.

Ya hemos visto que Dios dice que el sexo es algo muy hermoso y pleno. Él quiso desde el comienzo que tuviéramos un impulso sexual; pero Él también nos dice que el impulso sexual debe utilizarse para el propósito que Él quiso:

> 2. *Cuando algún hombre hallare a una joven virgen que no fuere desposada, y la tomare y se acostare con ella, y fueren descubiertos; entonces el hombre que se acostó con ella dará al padre de la joven cincuenta piezas de plata, y ella será su mujer, por cuanto la humilló.*
>
> (Deuteronomio 22:28–29)

Aquí, Dios habla de la relación sexual entre dos personas no casadas que mutuamente están de acuerdo en tener relaciones sexuales. Actualmente oímos a algunas personas decir que "los adultos que consientan" deberían ser libres para participar en cualquier tipo de actividad sexual que quieran, aunque no estén casados; pero Dios dice no. ¿Por qué? Porque este tipo de relación sexual "humilla" a la mujer. (*La Nueva Traducción Viviente* (NTV) y *La Biblia de las Américas* (LBLA) traducen la palabra "*humilló*" como "*violado*"; sería igualmente preciso decir que la mujer fue "humillada"). Su integridad es destruida; su autoestima es abaratada por tener relaciones sexuales con un hombre que no es su esposo y que se niega a convertirse en su esposo. Un hombre así la trata tan solo como otro bocado para su apetito sexual. No la ama; ama el placer que obtiene de ella. Dios dice que eso no es lo que Él espera que un hombre y una mujer hagan con sus impulsos sexuales.

Dwight Hervey Small, pastor y consejero que ha enseñado durante muchos años en Wheaton College, arroja más luz sobre el problema:

> El acto sexual es un acto que afecta a la personalidad completa, un encuentro personal entre un hombre y una mujer en las profundidades de su ser, que hace algo permanente a cada uno, para bien o para mal. De ahí que no pueda ser tratado meramente como una indulgencia sensual, cuyos efectos pasan con el acto.[4]

Dios quiso que el sexo fuese este tipo de encuentro personal, un tipo de relación que solamente es adecuada en el matrimonio.

Alguien puede pensar: "Pero ¿quién dice lo que es 'adecuado'? ¿Por qué es el acto sexual en el matrimonio el único uso 'adecuado' del sexo?". Dios hizo el sexo con el propósito del matrimonio; cualquier otro uso pervierte ese propósito. Se puede utilizar un martillo de pinza para quitar el hielo de la acera, pero ese no es el uso adecuado de un martillo de pinza. El martillo no fue creado para quitar el hielo, y utilizarlo de esa manera lo arruinará para el propósito que verdaderamente tiene. Lo mismo es cierto del sexo: hay un uso adecuado del sexo y muchos usos inadecuados. Dios dice que deberíamos controlar nuestro impulso sexual para su uso adecuado.

Entender el uso adecuado del sexo es el primer paso hacia controlar el impulso sexual. Cuando sabemos cómo quiere Dios que utilicemos la sexualidad que nos dio, la meta queda fijada. La norma queda establecida. Entonces sabemos que no deberíamos hacer cualquier cosa que mine o sea un obstáculo para el uso adecuado de las capacidades sexuales; según la misma medida, cualquier cosa que ayude a satisfacer o enriquecer el uso adecuado de las capacidades sexuales debería hacerse. Al igual que cualquier otro instinto humano, el impulso sexual puede ser entrenado y mejorado mediante nuevas experiencias y habilidad. Se pueden aprender técnicas que hagan que la relación sexual sea más agradable y satisfactoria, y al hacerlo honramos al Creador que nos dio esta maravillosa capacidad a la que llamamos "sexo".

El impulso sexual y la persona total

Como notó el Reverendo Small, las relaciones sexuales implican la personalidad total. Necesitamos entender la naturaleza plena del impulso sexual y el modo en que se relaciona con otros componentes de la personalidad. Necesitamos apreciar los efectos espirituales del impulso sexual, al igual que los efectos físicos. De otro modo, seremos incapaces de controlar y utilizar el impulso sexual hasta su máximo potencial.

Podríamos decir que el impulso sexual funciona en tres mundos, o en tres planos diferentes de la personalidad humana. En mi libro *Ecstasy* [Éxtasis], explico que cada persona es tridimensional: cada persona tiene un cuerpo, un alma y un espíritu.[5] Estos tres componentes constituyen la persona completa.

El sexo y el cuerpo

Sabemos, desde luego, que el sexo implica al *cuerpo*, el componente físico de nuestro ser. Una reacción sexual es el vínculo físico más íntimo que puede existir entre dos seres humanos, cuando un hombre y una mujer utilizan sus cuerpos para expresar su amor y apreciación el uno por el otro. Los cinco sentidos están involucrados:

—*Ver* los encantos físicos del ser amado.

—*Oír* las palabras de cariño y deseo de la pareja.

—*Oler* el aroma o fragancia que pertenece de modo único a la pareja.

—*Gustar* la dulzura de cada beso.

—*Sentir* las caricias de las manos del ser amado.

Un encuentro sexual es probablemente la experiencia más notable de la que cualquier persona puede disfrutar en esta tierra, porque implica cada aspecto del ser físico. Howard y Charlotte Clinebell, equipo de marido y mujer de consejeros matrimoniales cristianos, han expresado bien el gozo físico que muchas parejas han encontrado:

> La intimidad sexual es algo más que la unión de órganos sexuales, algo más que la excitación sensual recíproca de ambas partes, algo más que incluso la satisfacción mutua en el orgasmo. Es la experiencia de compartir y de abandonarse en la fusión de dos personas, expresada por la frase bíblica "serán una sola carne".[6]

Se están refiriendo a una de las afirmaciones más cándidas que la Palabra de Dios hizo jamás sobre el sexo. Viene justamente después de que la Biblia nos diga que Dios creó a la mujer como "ayudadora" para el hombre:

> 3. *Por tanto, dejará el hombre a su padre y a su madre, y se unirá a su mujer, y serán una sola carne.* (Génesis 2:24)

En otras palabras, el vínculo físico de un hombre y una mujer mediante el sexo es incluso más fuerte que el vínculo físico de un hijo con sus padres. El vínculo de la intimidad sexual adopta una prioridad mayor que el afecto que se tiene por un padre o una madre. Por lo que a Dios respecta, un hombre y una mujer que participan en la unión sexual se han convertido en "una carne": son una sola persona física. Y si debemos escoger entre honrar a nuestros padres u honrar a nuestra pareja, Dios deja completamente claro que la pareja está en primer lugar.

¡Muchos matrimonios se desmoronan porque una o ambas partes no entienden esto! No están dispuestos a poner a mamá o a papá en el lugar adecuado, después del esposo o la esposa. Pero la Palabra de Dios dice que una persona que se casa debería dejar a sus padres y establecer su hogar en otro lugar. Una casa no es lo bastante grande para dos hombres, y no es lo bastante grande para dos mujeres. Si quiere tener relaciones sexuales con alguien, debiera casarse; y si ha de casarse, debiera dejar a sus padres y encontrar un lugar propio. Esa es la única manera de poder tener intimidad física.

El sexo y el alma

El impulso sexual también implica al *alma*. Su alma está compuesta por mente, emociones y voluntad; esas tres cosas son afectadas por el impulso sexual.

La *mente* sopesa todo lo que termina en decisiones. Considera los hechos; mide los pros y los contras; evalúa sus sentimientos. Algunas decisiones conscientes se toman acerca de los deseos sexuales, pero el sexo influencia muchas de sus decisiones diarias, se dé cuenta usted de ello o no. Su mente actúa como un árbitro en medio de su voluntad, sus emociones, sus opiniones y muchas otras influencias en competencia, incluyendo su impulso sexual.

Las *emociones* se ven claramente afectadas por el impulso sexual. Los motivos sexuales pueden hacer que una persona pase de una emoción a otra. Quizá haya visto a su pareja cambiar de felicidad a desengaño, o incluso hasta enojo, debido a un problema sexual entre los dos. Puede suceder con mucha facilidad, y quizá usted no discierna la razón de ese cambio repentino. En un momento como ese, necesita mantener una sincera conversación con su pareja para saber lo que hay detrás de sus sentimientos.

La *voluntad* es también fuertemente influenciada por el impulso sexual. La voluntad es su sistema de autoguía; asevera lo que usted quiere hacer, independientemente de lo que pueda decirle la mente que haga de modo objetivo o lo que las emociones puedan intentar conseguir que haga. El impulso sexual puede persuadir a su voluntad para desear satisfacción sexual.

Estos tres componentes —la mente, las emociones y la voluntad— componen el alma, el elemento de su naturaleza que le da su propia identidad única. Su alma puede estar dedicada a Dios o puede que esté no regenerada y sea pecadora. De cualquier manera, el impulso sexual influencia su alma, y el alma dirige el modo en que usted utiliza su impulso sexual.

El sexo y el espíritu

Usted es también un espíritu. Dios creó su cuerpo y su alma; pero la esencia soplada por Dios y eterna que hay en su interior es su espíritu. El espíritu es el elemento divino que recuerda a su alma la voluntad de Dios para su vida. Su alma tendrá que rendir cuentas de las decisiones que toma, porque la Biblia dice: *"El alma que pecare, esa morirá"* (Ezequiel 18:4). El espíritu, sin embargo, no muere; regresa a Dios (véase Eclesiastés 12:7).

¿Participa el espíritu en el sexo? ¡Sí! El éxtasis de su espíritu, su conciencia de fe en Dios, y todos los otros aspectos de su espíritu están implicados en el acto sexual. Su espíritu puede emplear el impulso sexual para honrar a Dios, si su alma lo permite.

Un asunto serio

El impulso sexual, como hemos visto, toca cada componente de la persona. Por esa razón el impulso sexual debe manejarse con cuidado y respeto. Si se abusa de él o se le permite que haga lo que quiera, el impulso sexual puede destruirle por completo. No solo puede debilitar su cuerpo, sino que también puede corromper su alma y alienar su espíritu. El manejo que hagamos del impulso sexual es un asunto muy serio.

Me temo que nuestra generación ha jugado con el impulso sexual como si fuese un juguete. Hombres y mujeres han fingido que el impulso sexual es tan solo instinto básico que debería ser gratuitamente satisfecho, al igual que hacen los animales. Eso es una falacia. El alma humana es inmortal, y cualquier cosa que afecta al alma debería ser tomada en serio.

Dios nos ha dado en su Palabra algunos mandamientos muy directos y explícitos con respecto al sexo. Si guardamos sus mandamientos, disfrutaremos de una vida feliz en esta tierra; tendremos hermosos hijos y nietos; veremos a generación tras generación de nuestros descendientes cruzar el escenario del drama humano. Si ignoramos lo que Dios dice sobre el impulso sexual, nos situamos bajo su juicio. Él nos dice cuáles serán los castigos, y debemos esperar sufrirlos si desobedecemos. Las leyes espirituales de Dios son tan inmutables como sus leyes físicas. Usted podría saltar por un precipicio y decir: "¡Miren! ¡Estoy desafiando la ley de la gravedad!". Aun así, se caerá. Lo mismo sucede cuando se desafían las leyes espirituales de Dios. Lo que importa no es la opinión que usted tenga sobre el sexo; lo que importa no es la opinión de una novela barata o de una revista. Solamente las leyes de Dios importan. Usted puede conformarse a su ley y disfrutar del sexo tal como Él quiso que fuese disfrutado, o puede desafiar su ley y causar sufrimiento sobre sí mismo.

El impulso sexual no es sucio. El impulso sexual no es pecado. El impulso sexual es un precioso don de Dios, para ser utilizado para su gloria y nuestro disfrute. Necesitamos respetarlo, controlarlo y obedecer las leyes de Dios con respecto a ello.

Notas

1. Walter Trobisch, *I Loved a Girl* (New York: Harper and Row, 1965), 3.
2. C. W. Lloyd, *Human Reproduction and Sexual Behavior* (Philadelphia: Lea and Febiger, 1964).
3. Desmond Morris, *The Human Zoo* (New York: McGraw-Hill, 1969), 121.
4. Dwight Hervey Small, *Design for Christian Marriage* (Old Tappan, NJ: Spire Books, 1971), 92–93.
5. Lester Sumrall, *Ecstasy* (Nashville: Thomas Nelson, 1980), 21–31.
6. Howard J. Clinebell y Charlotte H. Clinebell, *The Intimate Marriage* (New York: Harper and Row, 1970), 29.

2

¿POR QUÉ ES DIOS TAN PROTECTOR CON RESPECTO AL SEXO?

Un cristiano es alguien que puede esperar... esperar la unión completa. Al no esperar, no obtendrá nada y perderá mucho. Expresaría con tres palabras lo que usted perderá: libertad, gozo y belleza.
—Walter Trobisch[1]

Solamente Dios tiene derecho a decir la última palabra sobre cualquier cosa. Dios es la única autoridad final, el único que puede ejercer su voluntad al final. Él tiene la palabra final porque Él tuvo la palabra primera. Él creó este mundo y todo lo que en él hay. Él nos creó a usted y a mí. Él es el Hacedor de nuestras vidas y, por lo tanto, Él es el único que puede decir cómo deberíamos vivirlas. Por este motivo, lo que la Biblia dice sobre sexo tiene un aire de finalidad, un tono de autoridad absoluta.

Si sabemos que Dios es la autoridad final en cuanto a sexo, no nos molestaremos con sus instrucciones. Sabremos que Él nos está diciendo la verdad sobre el sexo. Entenderemos que si seguimos sus normas, disfrutaremos del sexo al máximo, tal como había de ser disfrutado.

Desde luego, la lógica humana con frecuencia nos conduce a diferentes conclusiones acerca del sexo. Por ejemplo, la lógica sugeriría que como una persona soltera tiene una naturaleza sexual al igual que una persona casada, la persona soltera debería participar en las relaciones sexuales. La Palabra de Dios dice *no*. La lógica indicaría que si alguna persona disfruta de contacto físico y sexual con personas de su mismo sexo, habría que permitir que así fuera. La Palabra de Dios dice *no*. La lógica diría que si una persona puede disfrutar de la relación sexual con una pareja casada, esa persona podría disfrutarlo tanto, o quizá más, con otra persona. De nuevo, la Palabra de Dios dice *no*.

Descubrimos que Dios con frecuencia sobrepasa nuestro propio razonamiento en asuntos de sexo. Cuando lo hace, normalmente es menos permisivo de lo que nosotros seríamos. Sus normas son mucho más estrictas de lo que a nosotros nos gustaría. Él es mucho más protector de lo que nosotros tendemos a ser.

¿Por qué es Dios tan protector acerca del sexo? ¿Por qué gobierna Él el sexo con tal rigidez y cuidado?

Restricciones de las sociedades

Incluso sociedades primitivas que nunca han escuchado el evangelio de Jesucristo imponen algunas limitaciones en la conducta sexual. De hecho, todas las sociedades conocidas han regulado el sexo de alguna manera, ya sea con leyes escritas o con costumbres no escritas y tabús. Esto muestra que los seres humanos sabemos, en lo profundo de nuestro ser, que el sexo es un asunto muy importante y serio.

Una vez asistí a una boda en la jungla en Paraguay. El muchacho llevaba solamente una banda alrededor de su cintura, y la muchacha llevaba otra en la cintura y una sencilla banda cruzando su pecho. Sin embargo, a pesar de la cruda simplicidad de esa ocasión, ambos estaban delante de una fogata con una solemnidad reverente, y prometieron tomarse el uno al otro como esposo y esposa. Sus amigos y familiares fueron testigos. Después de intercambiar sus votos, el muchacho y la muchacha bailaron alrededor de la fogata mientras sus amigos se reían y les animaban. Entonces la pareja se fue caminando por un sendero en la selva hasta la sencilla cabaña que él había preparado para su noche de luna de miel. Fue una boda muy sencilla sin muchas de las formalidades que conocemos en América.

Aunque fue informal en ciertos aspectos, algunas costumbres fueron absolutas. Los aldeanos no permitieron que el muchacho tocase a ninguna muchacha a excepción de aquella con la que planeaba casarse. Esta estricta regulación protegía la virginidad de las muchachas y mantenía el orden.

En países musulmanes, las mujeres solteras deben llevar un velo para ocultar su belleza de cualquier hombre al que podrían conocer en su aldea. El disfrute de los encantos de una mujer es un privilegio reservado solamente para su esposo.

En la antigua China, los padres de un muchacho escogían a su novia mientras él era aún un niño, pero no se permitía a los adolescentes verse el uno al otro hasta el día de su boda. ¿Por qué? Para preservar su pureza sexual.

Los antropólogos han encontrado leyes y costumbres parecidas en toda sociedad conocida, tanto antigua como moderna. Muchas de esas comunidades nunca han oído de Dios, y ciertamente nunca han leído la Biblia; sin embargo, sabían por instinto que debían salvaguardar la dignidad del sexo. Sabían que debería ser protegido y utilizado para el propósito correcto: dentro del matrimonio.

Las normas protectoras de Dios

Por lo tanto, ya ve que Dios no es demasiado protector con respecto al sexo. Él quiere que seamos felices, y ha establecido sus regulaciones en cuanto al sexo para reservar el sexo para su mejor uso: dentro de la intimidad del matrimonio. Incluso los hombres de las tribus primitivas saben que el sexo puede ser vulgarizado y abaratado, y a su propia manera intentan proteger a sus jóvenes de las dolorosas consecuencias del sexo vulgar. Por lo tanto, ¿por qué no debería Dios, quien creó el sexo y sabe más al respecto que nadie, ser incluso más protector?

Las regulaciones específicas de Dios en cuanto a sexo muestran el gran cuidado que Él toma para preservar el sexo para su uso adecuado. En los capítulos siguientes haremos un estudio más detallado de las regulaciones de Dios para el sexo en el matrimonio. Por ahora, consideremos la ley de Dios contra el adulterio. Esta ley protectora revela por qué Él está tan interesado en nuestras vidas sexuales.

4. No cometerás adulterio. (Éxodo 20:14)

Eso es todo. Eso sí es directo, sencillo y al grano. Es también muy protector. Dios sabía que la fidelidad sexual era tan importante que dedicó uno de sus Diez Mandamientos a ella. Él puso la infidelidad sexual junto al asesinato y el robo como un delito tan grave que sencillamente dijo: "No lo harás". Él no dio ninguna razón para su mandamiento, porque la razón era evidente por sí misma. Como un granjero podría decir: "Cualquiera que tenga una pizca de sentido debiera saber eso". Cualquiera con la más ligera idea de lo que se trata del sexo, o de lo profunda e íntima que es la relación sexual, debería saber que el adulterio es un delito. Pero debido a que intentamos entender por qué es Dios tan protector, repasemos las razones para esta ley.

En primer lugar, el adulterio es un delito porque destruye una relación sexual. Ya hemos sugerido que tal relación es el vínculo más hermoso y significativo que dos seres humanos pueden tener; es una relación de pleno compromiso el uno con el otro. El hombre y la mujer se entregan totalmente el uno al otro, sin retener nada. Nada se "guarda" para otra persona. Ese compartir completo y total explora todas las áreas de intimidad. Cuando una parte se va para practicar sexo con otra persona, la relación queda destruida. El "una sola carne" queda hecho pedazos.

El Dr. Charles L. Allen ha aconsejado a multitud de parejas casadas durante sus años como pastor. Notemos lo que dice sobre el adulterio:

> En el matrimonio hay dos cosas que deben existir. En primer lugar, un sólido afecto, un amor el uno por el otro totalmente diferente al amor por cualquier otra persona. En segundo lugar, completa confianza el uno en el otro. El adulterio destruye ambas cosas.[2]

¡Tiene razón! El adulterio destruye la confianza que es la base de cualquier relación matrimonial, de cualquier relación sexual. Es un acto de traición, una manera de retirar el compromiso con la persona que tiene todo de usted. Rompe su *pacto* con el ser humano que ha compartido más de lo que nadie compartió nunca con usted.

En segundo lugar, el adulterio es un delito porque niega la obligación que Dios ha dado a la persona de criar hijos. En esta época de populares artefactos de planificación familiar y aborto, muchas personas no vinculan el sexo con tener hijos. ¡Traer hijos al mundo sigue siendo el propósito principal de Dios para el sexo!

> Sobre esta base, la relación de amor entre hombre y mujer no puede considerarse "carnal"; es en el más elevado de los sentidos el cumplimiento del propósito de Dios para crear hombres y mujeres. Al entrar en esta relación, los cristianos se comprometen con su pareja a cumplir el plan de Dios para la humanidad... Es una señal de compromiso delante de Dios y una afirmación de que esa pareja considera su relación como parte de la voluntad de Dios para su pueblo.[3]

Dios dio al hombre y la mujer una obligación con el regalo del sexo; les ordenó "fructificad". Si una de las partes decide encontrar disfrute sexual en otro lugar, está pasando por alto la obligación que venía con su regalo.

En tercer lugar, el adulterio es un delito porque pervierte la verdad espiritual que simboliza el sexo. La Palabra de Dios compara el vínculo sexual entre un hombre y una mujer con el vínculo espiritual que existe entre Cristo y su iglesia. Leamos la siguiente afirmación junto con el mandato de Dios en Éxodo 20:14 si queremos entender por qué el adulterio es tan pecaminoso ante los ojos de Dios:

> 5. *Porque el marido es cabeza de la mujer, así como Cristo es cabeza de la iglesia, la cual es su cuerpo, y él es*

su Salvador. Así que, como la iglesia está sujeta a Cristo, así también las casadas lo estén a sus maridos en todo. Maridos, amad a vuestras mujeres, así como Cristo amó a la iglesia, y se entregó a sí mismo por ella... Por esto dejará el hombre a su padre y a su madre, y se unirá a su mujer, y los dos serán una sola carne. Grande es este misterio; mas yo digo esto respecto de Cristo y de la iglesia. Por lo demás, cada uno de vosotros ame también a su mujer como a sí mismo; y la mujer respete a su marido.

(Efesios 5:23–25, 31–33)

El adulterio le grita al mundo que Cristo va a dar la espalda a la iglesia, o que la iglesia va a "enamorarse" de otra persona además de Cristo. ¡Eso es herejía! ¡Una clara mentira! Sin embargo, eso es exactamente lo que dice el adulterio. Es una afirmación teológica.

El poeta Walter A. Kortrey expresó el cinismo de un mundo no cristiano cuando dijo:

Si amar a Dios
No es nada como
El amor que tengo por ella;
Entonces puedes quedarte con él.[4]

Pero Dios dice que su amor por nosotros es *exactamente* como el amor de un hombre y una mujer. Un hombre y una mujer que comparten las alegrías del sexo nupcial retratan el amor de Cristo y su iglesia. Demuestran el modo en que Cristo y la iglesia se entregan por completo el uno al otro. El amor sexual es un símbolo santo.

Es cierto que solamente los cristianos entienden esto; pero cualquier pareja que rompa para encontrar otras parejas sexuales está blasfemando la verdad del amor de Dios. Para decirlo con claridad, actúa como si Jesús fuese un gigoló o la iglesia una prostituta. La idea misma es repulsiva.

¿Comienza a ver por qué Dios es tan protector en cuanto al sexo? Él está interesado en la felicidad física de hombres y mujeres, pero también está interesado en guardar la verdad espiritual. Él sabe que el sexo entra en ambos planos: el físico y el espiritual.

Encontramos esto de nuevo en las profecías de Ezequiel. Aquí Dios pone una verdad espiritual en lenguaje sexual; Él llama a la desobediente ciudad de Jerusalén una "ramera". Cuando Él describe lo que hará a Jerusalén, vemos su protección hacia la vida espiritual de su pueblo al igual que hacia su vida sexual. Su trato de la ramera espiritual, Jerusalén, nos da una indicación del modo en que una ramera física será tratada:

> 6. *Así ha dicho Jehová el Señor sobre Jerusalén:... Y pasé yo otra vez junto a ti, y te miré, y he aquí que tu tiempo era tiempo de amores; y extendí mi manto sobre ti, y cubrí tu desnudez; y te di juramento y entré en pacto contigo, dice Jehová el Señor, y fuiste mía... Pero confiaste en tu hermosura, y te prostituiste a causa de tu renombre, y derramaste tus fornicaciones a cuantos pasaron; suya eras... Y yo te juzgaré por las leyes de las adúlteras, y de las que derraman sangre; y traeré sobre ti sangre de ira y de celos.*
>
> (Ezequiel 16:3, 8, 15, 38)

Dios dice que una mujer adúltera es juzgada como una mujer que derrama sangre. Una adúltera es tan mala como una asesina; ambas deben pagar con sus vidas. Esto es a lo que Él se refiere cuando dijo: "*Y traeré sobre ti sangre*". Veremos en un capítulo posterior que el castigo por el adulterio en tiempos del

Antiguo Testamento ciertamente era la muerte. También veremos que la adúltera sigue muriendo de otras maneras menos obvias. Deberíamos notar, sin embargo, el modo en que Dios describe el adulterio con términos tan claros y gráficos.

Si leemos todo el capítulo 16 de Ezequiel obtendremos el cuadro completo. Aquí, Dios castiga la infidelidad, ya sea espiritual o sexual. Él no la permitirá, porque sabe cuáles son las consecuencias. La infidelidad destruirá a la persona que la practica, pervertirá a las otras personas involucradas y se burlará de Dios mismo. Por lo tanto, Dios dijo: "*Yo te juzgaré* [rameras espirituales] *por las leyes de las adúlteras, y de las que derraman sangre*" (Ezequiel 16:38).

La preocupación del cristiano

Nuestro bienestar espiritual y nuestro bienestar físico son igualmente importantes para Dios. Él nos ama y nos cuida, de modo que se interesa por ambos aspectos de nuestras vidas.

Nosotros los cristianos necesitamos entender esto, porque con frecuencia estamos tan interesados en la vida espiritual de otra persona que pasamos por alto la vida física. Cuando aconsejamos a alguien, no descartemos cualquier indicación de problema sexual. Dios se preocupa por la vida sexual de su pueblo, y también nosotros debiéramos hacerlo.

El Pastor Tim LaHaye cuenta de un amigo que estaba realizando servicios evangelísticos en cierta ciudad y se quedaba en casa de una buena pareja cristiana, líderes en la iglesia local. Después del desayuno una mañana, el evangelista preguntó casualmente a su anfitriona: "¿Cómo van las cosas?". Ella rompió a llorar. Su esposo era un hombre muy agresivo, le dijo, y en sus contactos sexuales él iba demasiado rápido. Ella en realidad no disfrutaba de su relación, pero se sometía a él por amor. Le pidió el evangelista que orase para que Dios le ayudara. El Pastor LaHaye dice lo que sucedió:

> Aquella noche mientras se preparaba para irse a la cama, el ministro entró en el cuarto de baño para cepillarse los dientes. Como el baño estaba entre los dos dormitorios, sin intentar escuchar pudo oír claramente a su amigo realizar lo que él denominaba "hacer el amor a mi esposa". ¡Todo terminó en tres minutos! No fue otra cosa sino satisfacción física del instinto masculino de apareamiento.
>
> A la mañana siguiente, el evangelista pidió a su amigo que se quedara en casa, y estuvieron hablando en el patio trasero durante dos horas. Para su sorpresa, este graduado universitario que amaba profundamente a su esposa ni siquiera sabía que algo fuese mal. Ninguno de aquellos dos jóvenes había leído un libro sobre el tema del sexo y nunca habían recibido consejería matrimonial. Cuando el predicador terminó la sesión de consejería tan necesaria, el joven estaba destrozado. Confesó su egoísmo a Dios y pidió sabiduría divina para ser el tipo de esposo que Dios quería que fuese.[5]

Sí, Dios es muy protector con respecto al sexo. Es un regalo maravilloso que también nosotros deberíamos atesorar y proteger.

La santidad de la vida humana

El sexo es importante porque la vida humana misma es importante para Dios. La vida humana es santa ante los ojos de Dios. Puede que usted diga: "Muy bien, pero ¿acaso no nos dice la Biblia que el corazón humano es '*engañoso… más que todas las cosas, y perverso'* (Jeremías 17:9)?". Ciertamente lo es, y el hombre carnal es una criatura corrupta y despreciable; pero Dios no quiere que seamos así. Él nos creó a su imagen, como reflejo de su propia naturaleza divina. Y aunque el hombre ha caído de la gracia y vive bajo la condenación de Dios, cada persona sigue teniendo la capacidad para vivir de manera pura y santa. La vida de cada persona no tiene precio ante los ojos de Dios. Hablando por medio del apóstol Pablo, Dios dijo:

> *7. ¿No sabéis que sois templo de Dios, y que el Espíritu de Dios mora en vosotros? Si alguno destruyere el templo de Dios, Dios le destruirá a él; porque el templo de Dios, el cual sois vosotros, santo es.* (1 Corintios 3:16–17)

Esto se aplica al sexo al igual que a cualquier otro aspecto de nuestra vida física. No somos libres para hacer lo que queramos con nuestro cuerpo; está dedicado a Dios. Cada uno de nosotros tiene un espíritu, un elemento divino en su interior. Deberíamos manejar nuestro cuerpo de manera que dé honra al espíritu que hay en el interior, dando gloria al Dios que nos creó.

Probablemente haya visto fotografías de las ruinas del templo de Grecia. El Partenón y otros grandes edificios de la era clásica ahora se están derrumbando. Sus columnas retorcidas yacen dispersas por toda la ciudad de Atenas como si fueran los juguetes rotos de un niño. Hubo un tiempo en que eran altas y hermosas, con sus arcos de mármol pulido resplandecientes a la luz de la tarde. Siglos de guerras, revueltas y vandalismo las han dejado hechas escombros. Los "templos" de los cuerpos de las personas pueden ser precisamente eso. Dios quiere que sean fuertes y hermosos por causa de Él; pero si los descuidamos o abusamos de ellos, no darán honra a nadie.

Cuando Dios creó a Adán y Eva, hizo sus cuerpos puros, santos y limpios. Les dio sus capacidades sexuales únicas y los unió en la relación íntima del matrimonio. Sus cuerpos eran santos, su impulso sexual era santo y su matrimonio era santo.

Dios les advirtió que no violasen sus mandamientos, los cuales reflejaban su propia naturaleza moral; sin embargo, ellos le desobedecieron y fueron expulsados del huerto del Edén. Sus almas se volvieron rebeldes y corruptas, y transmitieron esa corrupción a sus descendientes, ¡pero eso no hizo que sus *cuerpos* fueran corruptos! No hizo que su impulso sexual fuese corrupto. Es cierto que los descendientes de Adán y Eva hicieron un uso corrupto de sus cuerpos; las generaciones que condujeron hasta el diluvio estuvieron llenas de inmoralidad indescriptible. Sin embargo, el cuerpo humano en sí no cambió; aún podía ser utilizado para propósitos santos o impuros, cualquier cosa que la persona escogiera.

Hace varios años, una importante red presentó un drama de radio titulado "The Cartwheel" [La rueda de carreta]. Era sobre la carrera de un dólar de plata (en aquel entonces eran tan grandes que la gente los llamaba "cartwheels"). El drama mostraba cómo esa moneda pasaba por las manos de una persona primero, después otra, hasta que había sido utilizada por casi cada tipo de personaje que uno pudiera imaginar. Un novio la utilizó para pagar una suite para su luna de miel (¡se puede decir que todo esto fue en la década de 1930!). Un leal feligrés la puso en la ofrenda en la iglesia. Un jugador la utilizó para apostar. Un borracho la utilizó para comprar una pinta de whisky. Y así siguió. Obviamente, la moneda podía utilizarse para casi cualquier propósito, dependiendo de la inclinación de quien la poseía.

Lo mismo es cierto del cuerpo. Dios lo creó para ser algo santo y completo; lo creó para darle honra a Él. Él nos ha dado muchas pautas para ayudarnos a preservar y fortalecer cada una de las funciones del cuerpo, incluida la función sexual. Sin embargo, solamente nosotros decidimos qué hacer con él.

Dios lo sabe todo acerca del sexo, y Él quiso que nosotros fuésemos muy cuidadosos en cuanto al modo de utilizarlo. Sus normas para el sexo son muy protectoras. ¿No deberíamos prestar atención a esas normas?

Notas

1. Walter Trobisch, *I Loved a Girl* (New York: Harper and Row, 1965), 87.
2. Charles L. Allen, *God's Psychiatry* (Old Tappan, NJ: Family Library, 1974), 69.
3. Howard Clark Kee, *Making Ethical Decisions* (Philadelphia: Westminster Press, 1957), 36–37.
4. Walter A. Kortrey, "Agape and Eros", *The Christian Century* (18 de julio de 1973), 749. Reimpreso con permiso.
5. Tim LaHaye, *How to Be Happy Though Married* (Wheaton, IL: Tyndale House, 1968), 72.

3

EL SEXO EN EL MATRIMONIO (¿DÓNDE SI NO?)

[El matrimonio] fue un plan divino y una
provisión dada por Dios para su criatura:
el hombre. Quien corrompe esta unión es culpable
de afrenta a Dios, y quien menosprecia la relación
menosprecia a Dios que la otorgó.
—Paul Wilson[1]

Se ha detenido a pensar alguna vez que las dos primeras personas en el mundo estaban casadas? Actualmente oímos muchas cosas sobre el estilo de vida de soltero; muchas personas piensan que es más divertido estar soltero que estar casado. Pero ese no era el plan original de Dios. Después de que Dios crease a Adán, dijo:

8. No es bueno que el hombre esté solo; le haré ayuda idónea para él. (Génesis 2:18)

El término "*ayuda idónea*" significa literalmente "un compañero apropiado". La *Nueva Traducción Viviente* (NTV) dice "*ayuda ideal*". En otras palabras, Dios hizo de Cupido. Él creó a una mujer que sería precisamente lo que el hombre necesitaba, y entonces los unió. Ellos se convirtieron en compañeros de por vida y criaron a la primera familia del mundo, sin la ayuda de ningún consejero matrimonial, ni libros de autoayuda. Dios los emparejó muy bien. ¿De qué maneras era Eva "idónea" o "adecuada" para Adán?

Parece claro que ella era una buena ayuda en la labor manual que Adán tenía que realizar; después de salir del Edén, ella se convirtió en la primera esposa de granjero, y eso no es una tarea fácil. Puedo imaginar que ella hacía sus ropas, reunía la leña, trillaba y almacenaban las cosechas del campo que Adán llevaba. Nadie había hecho ese tipo de trabajo anteriormente, pero Eva parecía bien capacitada para la tarea.

También, ella era una adecuada compañera y consejera. No siempre le daba a Adán un buen consejo, pero intentaba ayudarle a tomar decisiones. Ella sopesaba cuestiones teológicas en su mente, como si deberían obedecer los mandamientos de Dios "al dedillo" o seguir la interpretación de la serpiente. Intentaba dirigir a Adán en la dirección más sensata y razonable. Tendríamos que decir que ella estaba bien emparejada con Adán en intelecto.

También era una compañera adecuada en su papel sexual. Sus encantos femeninos eran una pareja perfecta para los rasgos masculinos de Adán. Ella abrió toda una nueva esfera de placer físico que Adán no podría haber conocido si hubiera pasado el resto de su vida solo. Ella estaba bien emparejada con Adán en el aspecto sexual.

De todas las maneras, el primer matrimonio produjo dos personas que se necesitaban la una a la otra. Emparejó a dos individuos cuyas vidas habrían estado limitadas y carentes si no hubieran estado casados. Adán y Eva tuvieron un matrimonio exitoso, aunque fracasaron en otros aspectos. Una razón importante de este éxito fue el hecho de que estaban bien emparejados sexualmente.

Con las parejas a las que aconsejo para el matrimonio, siempre surge la cuestión de la compatibilidad. El hombre y la mujer quieren saber: "¿Somos correctos el uno para el otro?". Por lo tanto, hablamos sobre las cosas que debieran importar en el matrimonio, para ver si ambos "encajan".

Primeramente, hablamos de su vida espiritual: ¿Son ambos cristianos? Si no es así, ¿entienden los problemas causados por estar unidos *"en yugo desigual"* (2 Corintios 6:14)?

Hablamos sobre el trabajo de sus vidas: ¿Conocen mutuamente sus planes para el futuro? (¡Se sorprendería al saber cuántas parejas comprometidas no los conocen!).

También hablamos de sexo: ¿Son atraídos el uno al otro sexualmente? ¿Ven el uno en el otro las cualidades físicas que creen que disfrutarán? ¿Han hablado sobre el propósito del sexo y el papel adecuado del sexo?

Muchas veces no lo han hecho. Las parejas cristianas son especialmente propensas a pensar que si están bien emparejadas en todos los demás aspectos, su vida sexual de modo natural encajará. No hablan sobre ello; no piensan sobre ello. Y después de estar casados tienen un crudo despertar.

Eso no significa que las potenciales parejas deban estar en perfecto acuerdo con respecto a todo. De hecho, no creo que ese sea nunca el caso. Mi esposa y yo hemos disfrutado de un matrimonio maravilloso durante los últimos treinta y cinco años, pero aun así no puedo decir que estemos en total acuerdo con respecto a todo. Nos *complementamos* el uno al otro. Las fortalezas de uno compensan las debilidades del otro. Creo que eso debería ser cierto en la vida de cada pareja casada.

Un esposo y esposa en potencia pueden ahorrarse mucha tristeza innecesaria si mantienen una conversación sincera y clara sobre lo que esperan de su relación. El ámbito de temas debe incluir sin duda alguna el aspecto sexual. El Pastor Tim LaHaye dice:

> El ajuste físico en el matrimonio puede compararse adecuadamente con el ajuste instrumental necesario para que una orquesta produzca una hermosa y armoniosa sinfonía. Contrariamente a la opinión popular, "hacer lo que venga naturalmente" no garantiza automáticamente armonía física en la relación matrimonial.[2]

En otras palabras, puede que no *parezcan* una pareja perfecta sexualmente, pero ¿pueden hacer los ajustes necesarios? ¿Están dispuestos a ser pacientes con el cónyuge mientras aprenden a satisfacer mutuamente sus necesidades? Un servicio de citas por computadora nunca será capaz de decirle lo siguiente: deben aprender el uno del otro lo flexibles que son; aprendan orando al respecto y hablando sinceramente sobre ello *antes* de casarse.

El sexo expresa amor

Quizá ninguna palabra en el idioma español sea tan mal entendida como la palabra "amor". Una secretaria se gira hacia su amiga en el elevador y dice: "¡Oh, María! ¡Amo tu nuevo vestido!". Las jóvenes sentimentales suspiran y dicen: "¡Siento amor!".

¿Y qué significa la palabra "amor"? Particularmente, ¿qué tipo de "amor" es el amor matrimonial? John Powell, un escritor católico romano muy conocido, dice lo siguiente:

> El joven que profesa amor a una muchacha puede que con frecuencia sea engañado al pensar que la gratificación de sus propios impulsos egoístas realmente constituye amor. La joven que descubre que los vacíos de su propia soledad son llenos por la compañía y la atención de un joven bien puede confundir esa satisfacción emocional con amor... La cuestión crítica siempre sigue siendo la de olvidarse de uno mismo. ¿Realmente el joven o la joven se olvidan de sí mismos y de su propia conveniencia y satisfacción emocional, para buscar solamente la felicidad y la satisfacción del ser amado?[3]

Esa es una norma bastante difícil, ¿verdad? A todo el mundo le gusta pensar en sus propias necesidades y deseos; todo el mundo da por sentado que la "felicidad" es cuestión de satisfacer esas necesidades y deseos. Pero el amor verdadero nos fuerza a salir de nosotros mismos; nos hace pensar en las necesidades y deseos de otra persona. Lo más importante es que puede que nos haga sacrificar nuestra propia comodidad y placer para dar disfrute a la persona amada.

La Palabra de Dios nos da una hermosa descripción de amor, y es una de las cosas más importantes que Dios ha dicho jamás sobre el sexo:

> 9. *El amor es sufrido, es benigno; el amor no tiene envidia, el amor no es jactancioso, no se envanece; no hace nada*

indebido, no busca lo suyo, no se irrita, no guarda rencor; no se goza de la injusticia, mas se goza de la verdad. Todo lo sufre, todo lo cree, todo lo espera, todo lo soporta.

(1 Corintios 13:4–7)

Aquí está la descripción perfecta del papel del sexo dentro del matrimonio. Su relación sexual debería expresar este tipo de amor puro y desprendido por su pareja. De otro modo, habrá errado el blanco.

Alguien puede decir: "Pero Dr. Sumrall, pensé que nos dijo que el sexo era para engendrar hijos". Sí, esa es la razón principal por la que Dios nos dio nuestra naturaleza sexual, pero Él también espera que utilicemos el sexo para expresar nuestro amor por nuestra pareja. Su Palabra dice:

10. El marido cumpla con la mujer el deber conyugal, y asimismo la mujer con el marido. La mujer no tiene potestad sobre su propio cuerpo, sino el marido; ni tampoco tiene el marido potestad sobre su propio cuerpo, sino la mujer.

(1 Corintios 7:3–4)

Una pareja casada debería tener relaciones sexuales no solo para concebir hijos, sino también para demostrarse el uno al otro su completo amor y dedicación.

El matrimonio es la relación más singular sobre la tierra. Está por encima de todas las otras relaciones humanas. Solamente en el matrimonio dos personas comparten sus mentes, sus almas e incluso sus cuerpos. Solamente en el matrimonio dos personas prometen su lealtad para toda la vida, "dejando todo lo demás", como dice el voto nupcial. Solamente en el matrimonio dos personas se unen con Dios para traer a este mundo a otros seres humanos, otros que son creados a imagen de Dios.

El amor matrimonial es santo porque Dios creó el vínculo del matrimonio. Él autorizó la primera boda, y Él es el único que puede autorizar legítimamente una boda en la actualidad. Por eso los matrimonios cristianos no deberían realizarse en la oficina de un funcionario, o en la corte de un juez, o en el lugar social favorito de la pareja. El matrimonio no está pensado para honrar al Estado o para honrar a la pareja; está pensado para honrar a Dios, y debería expresar el amor desprendido que solamente Dios puede dar. Por lo tanto, la boda debería realizarse donde Dios sea públicamente adorado, pidiendo a Dios que lo santifique. Dios debería ser invitado a "atar el nudo" que nadie más puede desatar.

El sexo es un diálogo

El matrimonio es una conversación para toda la vida. Es un intercambio de ideas, compartir alegrías y tristezas. Cuando un hombre y una mujer prometen "ser fieles" el uno al otro, ese voto matrimonial significa que compartirán sus más profundos pensamientos y sentimientos el uno con el otro. Se comunicarán. O para situarlo en un contexto espiritual, tendrán comunión el uno con el otro.

> *11. Pero en el Señor, ni el varón es sin la mujer, ni la mujer sin el varón; porque así como la mujer procede del varón, también el varón nace de la mujer; pero todo procede de Dios.* (1 Corintios 11:11–12)

Aquí, la Palabra de Dios nos recuerda que el hombre y la mujer están físicamente vinculados el uno al otro, remontándonos hasta la creación. La mujer fue creada de una costilla que Dios tomó del costado del hombre; el hombre ha nacido de la mujer desde Eva. Hombre y mujer están íntimamente relacionados; están incompletos el uno sin el otro. Es necio pensar que el matrimonio es simplemente una colaboración de dos personas independientes y tenaces.

Esposo y esposa deben compartir toda su vida, y la relación sexual es una manera importante de compartirla. Demuestra de manera literal y física que son uno solo. Es cierto tipo de diálogo físico. El Reverendo Small dice:

> El diálogo tiene lugar cuando dos personas comunican el pleno significado de sus vidas el uno al otro, cuando participan mutuamente en sus vidas de las maneras más significativas de las que son capaces.[4]

Esa es una buena descripción de la relación sexual. Es una manera de participar plenamente en la vida de otra persona sin temor o egoísmo. Es verdadero diálogo.

Como en cualquier otro tipo de diálogo, la relación sexual debe observar ciertas cortesías. Si usted estuviera manteniendo una conversación con otra persona, ¿insistiría en "llevar el mando"? ¿Se negaría a oír lo que dice la otra persona? ¿Se daría la vuelta y se alejaría cuando haya terminado, independientemente de si la otra persona sigue hablando? Claro que no. Eso no sería realmente una "conversación". Lo mismo es cierto de la relación sexual. Cada parte debe ser sensible a las necesidades del otro, estar lista para responder, ser paciente para permitir que el otro se exprese. Howard y Charlotte Clinebell describen una típica situación en la cual el diálogo sexual se rompe. Podríamos llamarlo una "brecha de comunicación" sexual:

> Es importante que el esposo entienda que su esposa no puede responder literalmente como les gustaría a ambos cuando sus sentimientos son heridos, cuando el

> dormitorio está desordenado o cuando los niños están haciendo ruido en el cuarto contiguo. Bien merece la pena el esfuerzo de crear la atmósfera necesaria para permitir que florezca el lado romántico de ella. Muchas mujeres experimentan excitación sexual más lentamente que sus esposos y responden a una considerable ternura, caricias y palabras de amor en el pleno disfrute del acto sexual.[5]

Por lo tanto, muchas parejas se frustran por sus diferencias sexuales y buscan relaciones con otras personas, en lugar de aprender cómo tener verdaderamente comunión el uno con el otro. Este tipo de ajuste es una parte natural de llegar a ser una persona madura. Es parte de aprender a amar. Dios dice:

> 12. *Bebe el agua de tu misma cisterna, y los raudales de tu propio pozo... Sea bendito tu manantial, y alégrate con la mujer de tu juventud, como cierva amada y graciosa gacela. Sus caricias te satisfagan en todo tiempo, y en su amor recréate siempre.* (Proverbios 5:15, 18–19)

Creo firmemente que los hombres y las mujeres de América tendrían vidas sexuales mucho más placenteras si tomasen tiempo para aprender a comunicarse realmente en el matrimonio, en lugar de "salir de compras" buscando mejores parejas sexuales. Un hombre que aprende pacientemente el lenguaje sexual de su esposa estará siempre extasiado con su amor. La mujer que afine sus oídos para escuchar los mensajes sexuales de su esposo estará plenamente satisfecha. Pero se necesita tiempo. Es necesaria la paciencia.

Hace varios años, Charlie Shedd escribió una serie de cartas a su joven y futuro yerno, y se han convertido en un clásico en la literatura cristiana sobre sexo. Una de las afirmaciones más sorprendentes del Dr. Shedd era que un esposo y su esposa puede que necesiten un "calentamiento de veinte años" para aprender juntos el verdadero disfrute sexual. Él dijo:

> La libertad para expresar tus deseos es una meta estupenda, pero durante los primeros veinte años... es más una meta que la realidad.[6]

Muchas parejas serán capaces de establecer las líneas de la comunicación sexual mucho antes que eso, pero sigue siendo un buen consejo. Esposo y esposa necesitan ser pacientes en su diálogo sexual, incluso si son necesarios años para aprender a comunicarse.

El sexo causa placer

El mundo carnal querría hacernos creer que el placer es el *único* propósito del sexo. Algunos cristianos remilgados creen que el placer no tiene *nada* que ver con el sexo. Ambas posturas son erróneas. La relación sexual es muy placentera, y debería causar una gran cantidad de disfrute a un matrimonio. Pero necesitamos poner en perspectiva correcta el aspecto placentero del sexo, según la Palabra de Dios.

Todo el libro de Cantar de los Cantares de Salomón describe los placeres del amor sexual. Algunos críticos dicen que el Cantar de los Cantares es un libro erótico que no tiene lugar alguno en la Biblia; pero obviamente no saben lo que significa "erótico". Viene de la palabra griega *eros,* que significa "amor por causa del placer físico". Cantares ciertamente describe el placer físico, pero nadie puede decir que presenta el placer como "el todo y el fin" del sexo. Este libro muestra que el sexo expresa el gran amor que un esposo y su esposa se tienen mutuamente. De hecho, muchos eruditos de la Biblia creen que es un cuadro simbólico del amor de Dios por su pueblo, del amor de Cristo por su iglesia. Independientemente de cómo se interprete, ya sea literalmente (con respecto al matrimonio) o simbólicamente (con respecto a Dios), tendríamos que decir que el Cantar de los Cantares sitúa en la perspectiva adecuada el sexo y el placer.

Veamos un par de pasajes de este notable libro:

> 13. *Hazme saber, oh tú a quien ama mi alma, dónde apacientas, dónde sesteas al mediodía; pues ¿por qué había de estar yo como errante junto a los rebaños de tus compañeros?* (Cantares 1:7)

Este es el sincero ruego de la esposa a su esposo. Subraya el mensaje que ya hemos oído de parte de Dios, que una pareja casada no debería buscar placer con otros compañeros. Aquí Dios pone sus palabras en la boca de la esposa misma. Ella dice, efectivamente: "Muéstrame cómo puedo encontrar placer contigo, querido. Pues ¿por qué debería intentar encontrarlo con tus amigos?".

Ya dije que la Biblia es muy clara en cuanto a sexo, ¿verdad?

Si seguimos leyendo en Cantares, encontraremos a la esposa rogando a su esposo una y otra vez, suplicándole que encuentre su placer sexual con ella. Recordemos que este libro fue inspirado por Dios, al igual que cualquier otro libro de la Biblia. Deberíamos observar lo que Él nos enseña aquí en cuanto a sexo. La esposa dice:

> 14. *Venga mi amado a su huerto, y coma de su dulce fruta... Yo soy de mi amado, y mi amado es mío; el apacienta entre los lirios... Yo soy de mi amado, y conmigo tiene su contentamiento.* (Cantares 4:16; 6:3; 7:10)

¿Ve cómo el tema del placer está en todo este libro? Sin embargo, es siempre placer como una expresión de *amor,* no placer por el placer.

En la primera frase (véase Cantares 4:16), la esposa invita a su esposo a comer *"de su dulce fruta"*. Esta es una manera gráfica y hermosa de invitarle a disfrutar de los placeres físicos de su lecho matrimonial. Entonces ella dice que *"el apacienta entre los lirios"* (Cantares 6:3). El lirio es un símbolo de pureza o, en este caso, de virginidad. La esposa se alegra de decir que su esposo es el único que ha gustado sus placeres sexuales. Ella los ha guardado para él, porque sabía que le pertenecían a él, ¡y él a ella! Ella dice: *"Conmigo tiene su contentamiento"* (Cantares 7:10). A cualquier mujer le gustaría decir eso sobre su esposo. A pesar de todas las otras mujeres cuyos encantos físicos podrían tentarle, *"conmigo tiene su contentamiento"*. Él encuentra placer en el lugar correcto: con su esposa.

Desgraciadamente, muchos cristianos creen que el sexo es en cierta manera algo aburrido y mecánico. Lo consideran una obligación que tienen con su pareja, como lavar los platos o cortar el césped. ¡Pero el sexo es un placer! ¡El sexo es agradable! Dios quiso que el sexo fuera para el placer mutuo de esposo y esposa, y ellos no deberían sentir reserva alguna en cuanto a explorar los muchos "obsequios y sorpresas" que tiene para ellos. Tim LaHaye aconseja a las esposas:

> Liberen su mente de cualquier prejuicio preconcebido o de "cuentos de viejas esposas" que tienden a hacerles temer el acto matrimonial, o considerarlo algo malo. Tan solo porque su madre o alguna otra mujer no estuviera ajustada en el área física del matrimonio, no es razón para que ustedes tengan que perpetuar sus errores y su resultante angustia. Enfoquen el acto

matrimonial con placentera anticipación. ¡Dios quiso que fuese bueno![7]

Ningún tipo de placer sexual está "fuera de los límites" para el esposo y su esposa, mientras honre a Dios. Algunas personas piensan que solamente una técnica en particular para hacer el amor es "santa", y todas las demás son pecado; pero no encontraremos esa enseñanza en la Escritura:

> *15. Honroso sea en todos el matrimonio, y el lecho sin mancilla; pero a los fornicarios y a los adúlteros los juzgará Dios.* (Hebreos 13:4)

En otras palabras, el matrimonio es una manera honrosa para que cualquiera disfrute del sexo. Cualquier otra manera, ya sea el sexo antes del matrimonio (fornicación) o el sexo con otra persona durante el matrimonio (adulterio), es condenada por Dios. Además, el lecho matrimonial es "*sin mancilla*". No hay nada pecaminoso acerca del sexo en el lecho matrimonial; no hay tabús que observar con su pareja. Solamente se debe observar la cortesía del diálogo y la dignidad que cualquier don divino se merece.

El sexo honra a Dios

Antes de dejar el tema del sexo en el matrimonio, deberíamos considerar el modo en que la vida sexual de un hombre y una mujer cristianos puede dar honra a Dios. Esta es otra función importante del sexo. Dios dice que todo lo que hagamos debería darle honra a Él:

> *16. Si, pues, coméis o bebéis, o hacéis otra cosa, hacedlo todo para la gloria de Dios.* (1 Corintios 10:31)

Todo lo que hacemos, ya sea comer, dormir, hablar con nuestros amigos, dirigir un negocio, incluso el acto sexual, todo debería hacerse de una manera que glorifique al Señor. Él nos creó, y Él se expresa por medio de nosotros. Como dijo Pablo: *"Con Cristo estoy juntamente crucificado, y ya no vivo yo, mas vive Cristo en mí; y lo que ahora vivo en la carne, lo vivo en la fe del Hijo de Dios, el cual me amó y se entregó a sí mismo por mí"* (Gálatas 2:20). Por lo tanto, todo acto físico del cristiano debería expresar amor por el Señor. Esta es la prueba final para la vida sexual del cristiano: ¿Da honra al Señor?

Si un hombre y una mujer comparten el gozo del sexo en el matrimonio tal como el Señor quiso que fuera, y si se consideran el uno al otro con el amor y el respeto que cualquier cristiano debería tener por los demás, su vida sexual será un tributo al Señor. Pero si flirtean con el sexo fuera del matrimonio, han quebrantado el mandamiento de Él. Si desean relaciones sexuales simplemente por la emoción o la "carga" física que obtienen de ellas, sin ningún pensamiento de amor mutuo, lo han abaratado. La mayoría de manuales sobre sexo nos dirían que el *método* del sexo es lo importante, pero la Palabra de Dios nos dice que el *motivo* es igual de importante. Si un hombre y una mujer participan en el sexo con motivos egoístas o pervertidos, malgastan uno de los bienes más preciosos de Dios. Le insultan; y tendrán que pagar las consecuencias. Dwight Small dice:

> Lo distintivo sobre el concepto cristiano del sexo está en así reconocerlo plenamente como una función biológica del hombre, pero al mismo tiempo insistir en que es una función de la personalidad total que es espiritual en lo más elevado. Sus aspectos físicos no pueden ser disociados de sus aspectos espirituales.[8]

Esa es la clave. El sexo no puede entenderse apartado de todos los otros aspectos de la vida consagrada del cristiano.

En el matrimonio, el sexo es una parte normal de la vida cotidiana, al igual que comer o cualquier otra función física. Por lo tanto, no deberíamos ser reticentes a hablar al respecto. Deberíamos dar gracias a Dios por el sexo y esforzarnos por utilizarlo de manera tan gozosa y reverente como cualquier otro don de Él.

Notas

1. Paul Wilson, *The Institution of Marriage* (Oak Park, IL: Bible Truth, 1969), 8.
2. Tim LaHaye, *How to Be Happy Though Married* (Wheaton, IL: Tyndale House, 1968), 53.
3. John Powell, *Why Am I Afraid to Love?* edición revisada (Chicago: Argus Communications, 1972), 19–20.
4. Dwight Hervey Small, *After You've Said I Do* (Old Tappan, NJ: Revell, 1968), 51.
5. Howard J. Clinebell y Charlotte H. Clinebell, *The Intimate Marriage* (New York: Harper and Row, 1970), 145.
6. Charlie W. Shedd, *Letters to Philip* (Old Tappan, NJ: Spire Books, 1968), 110.
7. LaHaye, *How to Be Happy*, 68.
8. Dwight Hervey Small, *Design for Christian Marriage* (Old Tappan, NJ: Spire Books, 1959), 92.

4

MATRIMONIOS "NO APTOS"

El hogar es básicamente una institución sagrada. El matrimonio perfecto es una unidad de tres personas: un hombre, una mujer y Dios. Eso es lo que hace que el matrimonio sea santo. La fe en Cristo es el más importante de todos los principios en la edificación de un matrimonio feliz y de un hogar exitoso.
—Billy Graham[1]

No todos los matrimonios son hechos en el cielo. Cuando dos incrédulos se casan, o cuando se casan un cristiano y un incrédulo, eso les prepara para mucho sufrimiento. Pronto se encuentran en desacuerdo. Dios puede bendecir un matrimonio de su propio pueblo, pero los no creyentes quitan de las manos de Dios su matrimonio. Entonces, por ningún medio es celestial. De hecho, puede ser un infierno en la tierra.

Yo denomino a este tipo de matrimonio un "matrimonio no apto", porque tiene el claro sello de Dios de desaprobación.

Los cines anuncian películas no aptas con todo tipo de escabrosos "ganchos" pensados para despertar el interés. Nos dicen desde el comienzo mismo que las películas no son aptas para las familias. Ponen una "X" en el anuncio para advertirnos de que la película tiene sexo carnal, sexo pervertido o extrema violencia. Sin embargo, las personas van a ver esas películas de todos modos, llenando sus mentes de corrupción. De la misma manera, Dios nos advierte en contra de casarnos con no creyentes; Él pone su calificación "X" sobre tal unión. Él nos advierte que tales matrimonios siempre causan problemas; sin embargo, muchas personas se sumergen de cabeza y cosechan las consecuencias.

Observemos lo que Abraham le dijo a su sirviente principal, Eliezer, sobre el matrimonio: "*Y te juramentaré por Jehová, Dios de los cielos y Dios de la tierra, que no tomarás para mi hijo mujer de las hijas de los cananeos, entre los cuales yo habito*" (Génesis 24:3). Abraham no quería que su hijo se casara con una mujer que proviniera de una familia pagana e inmoral. Él sabía que los cananeos tenían una moral muy liberal. Ellos estaban inmersos en mitos paganos e idolatría; eran impíos hasta la médula. Por lo tanto, hizo prometer a Eliezer delante de Dios que no permitiría que Isaac se casara con una mujer de origen cananeo.

Creo que los padres con frecuencia son bastante descuidados acerca del tipo de amistades que permiten tener a sus hijos. Puede que esto suene anticuado, pero lo diré de todos modos: necesitamos ser más cuidadosos para que nuestros hijos e hijas tengan buenos amigos cristianos. Debido a que los padres cristianos han tenido una actitud de "haz lo que quieras" acerca de sus hijos en años recientes, hemos visto cientos de jóvenes ser atraídos hacia matrimonios impíos. Los padres cristianos descuidados *"sembraron viento, y torbellino segarán"* (Oseas 8:7).

La tristeza del matrimonio impío

La impiedad siempre produce tristeza, y vemos eso ilustrado en todo el mundo. Hasta que la India acuda a Dios, por ejemplo, nadie será capaz de poner fin a su pobreza y su hambre. Hasta que los americanos se arrepientan y acepten al Señor, lucharán con la inflación, el delito y la bancarrota espiritual. Lo mismo es cierto en la vida de cualquier individuo. La impiedad produce tristeza.

El matrimonio simplemente duplica la tristeza de la impiedad. No resuelve ningún problema para una persona impía; de hecho, ¡le proporciona todo un nuevo conjunto de problemas! Por eso los patriarcas del Antiguo Testamento se esforzaban mucho por decirles a sus hijos que no se casaran con un pagano (véase Génesis 28:1). Ellos sabían que el matrimonio impío no causaría a sus hijos otra cosa sino problemas y dolor.

Dios le recordó esto a su pueblo cuando se preparaban para entrar en la Tierra Prometida. Les advirtió de los pueblos paganos que encontrarían en Canaán, y les dijo:

> *17. Y no emparentarás con ellas; no darás tu hija a su hijo, ni tomarás a su hija para tu hijo. Porque desviará a tu hijo de en pos de mí, y servirán a dioses ajenos; y el furor de Jehová se encenderá sobre vosotros, y te destruirá pronto.*
> (Deuteronomio 7:3–4)

De nuevo vemos la protección de Dios en cuanto al sexo. Él no permitía que su pueblo escogido se casara con cualquiera, porque los matrimonios impíos producen personas impías. Tales matrimonios están designados como "no aptos", porque traerán corrupción a ambas partes del matrimonio. Dios hizo a Israel la misma advertencia por medio de Josué:

> 18. *Porque si os apartareis, y os uniereis a lo que resta de estas naciones que han quedado con vosotros, y si concertareis con ellas matrimonios, mezclándoos con ellas, y ellas con vosotros, sabed que Jehová vuestro Dios no arrojará más a estas naciones delante de vosotros, sino que os serán por lazo, por tropiezo.* (Josué 23:12–13)

Mire, este no es solamente un problema familiar; es un problema nacional. Los matrimonios impíos minan a toda la nación; desgarran la fibra moral de la sociedad; tuercen los valores que debería sostener un hogar decente. ¿Por qué? Porque no están anclados en la roca de la verdad de Dios.

Si nunca ha estado en un matrimonio así, puede que piense que esta restricción es demasiado dura. Puede que usted tenga una actitud optimista hacia su pareja impía, diciendo: "Podré cambiarle para mejor". Pero es triste decir que por lo general funciona al contrario. La parte impía desalentará y corromperá a la piadosa. De hecho, el cónyuge impío meterá en problemas a su pareja que de otro modo nunca se habrían producido.

No se equivoque: cuando se casa fuera de la familia de Dios, queda fuera de la protección de Él, y se expone usted mismo a problemas que de otro modo nunca habría tenido. Dios dice:

> 19. *No os unáis en yugo desigual con los incrédulos; porque ¿qué compañerismo tiene la justicia con la injusticia? ¿Y qué comunión la luz con las tinieblas?* (2 Corintios 6:14)

El matrimonio no es el tipo de cosa a la que deberíamos lanzarnos por capricho o impulso. Cuando usted se casa, debe pensar no solo en sí mismo sino también en sus hijos y nietos; todos ellos estarán expuestos a su matrimonio; todos ellos serán afectados por la pareja que usted escoja. Dios dice que cuando un creyente y un no creyente se casan, es como si un burro y un camello intentasen tirar juntos de un arado: sencillamente no encajan. Uno es demasiado alto y el otro es demasiado bajo; uno da largas zancadas y el otro da zancadas cortas. No comparten el yugo igualmente. Están unidos "en yugo desigual".

El matrimonio impío en la Biblia

En Génesis 6:1–6 leemos que los *"hijos de Dios"* se casaron con las *"hijas de los hombres"* en un claro desafío a Dios. Eruditos de la Biblia han especulado durante mucho tiempo acerca de quiénes eran *"los hijos de Dios"*; algunos dicen que eran una tribu en particular de los descendientes de Adán, otros dicen que eran cierto tipo de seres espirituales súperhumanos. Independientemente de cómo interpretemos esa frase, está claro que estaban unidos "en yugo desigual" con sus esposas. Hombres piadosos se casaron con mujeres carnales. ¿El resultado? Dios envió el gran diluvio para destruir a esa malvada generación, salvando solamente a Noé y su familia.

¿Puede imaginar eso? Matrimonios impíos, matrimonios no aptos, que causaron la mayor catástrofe que el mundo haya conocido jamás.

Sansón, uno de los jueces de Israel, decidió casarse con una mujer pagana de entre los filisteos. Recordará que regresó de Timnat y les dijo a sus padres: *"Os ruego que me la toméis por mujer"* (Jueces 14:2).

Los padres de Sansón eran personas temerosas de Dios, y sabían que ese matrimonio no debía ser tomado a la ligera. Por lo tanto, su padre preguntó: "*¿No hay mujer entre las hijas de tus hermanos, ni en todo nuestro pueblo, para que vayas tú a tomar mujer de los filisteos incircuncisos?*" (Jueces 14:3).

Pero Sansón dijo: "*Tómame ésta por mujer, porque ella me agrada*" (Jueces 14:3). Este tipo de actitud está generalizada actualmente. A los jóvenes no les importa nada el trasfondo espiritual de sus amigos. Cuando se comprometen para casarse, muy pocas veces piensan en qué tipo de familia se están metiendo. Solamente dicen: "Ella me enciende", o: "Realmente me gusta cómo besa él". Esa parece ser su única norma para escoger una pareja. Pero el matrimonio no apto de Sansón causó que perdiera sus ojos, perdiera su dignidad e incluso perdiera su vida con los amigos paganos de su esposa.

¡Qué trágico es meterse en un matrimonio impío! Cuando usted se casa con la persona equivocada en abierto desafío a Dios, no tiene idea alguna de lo que el futuro guarda para usted.

No vale de nada decir: "Muy bien. Yo sé lo que hago". Incluso el rey Salomón, uno de los hombres más sabios que haya vivido jamás, cometió un necio error cuando se casó con mujeres paganas. Sus matrimonios no aptos finalmente destruyeron su reino.

> *Pero el rey Salomón amó, además de la hija de Faraón, a muchas mujeres extranjeras; a las de Moab, a las de Amón, a las de Edom, a las de Sidón, y a las heteas; gentes de las cuales Jehová había dicho a los hijos de Israel: No os llegaréis a ellas, ni ellas se llegarán a vosotros; porque ciertamente harán inclinar vuestros corazones tras sus dioses. A éstas, pues, se juntó Salomón con amor.*
>
> (1 Reyes 11:1–2)

Sus esposas paganas le persuadieron para que levantase altares a sus dioses, y gradualmente hicieron que adorase a sus dioses. Al final, la Escritura dice: "*Y su corazón no era perfecto con Jehová su Dios, como el corazón de su padre David*" (1 Reyes 11:4). ¡Qué comentario tan triste! Salomón era sabio en las tareas de estado y la política, pero actuó neciamente en la esfera del sexo. Estaba unido "en yugo desigual".

Respuestas prácticas

Esto no es lo mismo que decir que un cristiano que termina en un matrimonio impío tan solo tiene que "aguantar el golpe". Dios aconseja a un cristiano en tal situación que establezca un buen ejemplo para su cónyuge. Observemos su palabra especialmente para las esposas:

> 20. *Asimismo vosotras, mujeres, estad sujetas a vuestros maridos; para que también los que no creen a la palabra, sean ganados sin palabra por la conducta de sus esposas.*
> (1 Pedro 3:1)

Dorothy C. Haskin pasó varios años intentando ganar a su esposo para el Señor. Los dos eran incrédulos cuando se casaron, y ella se convirtió tan solo un año después. Al principio, intentaba hacer que asistiera a las reuniones de la iglesia con ella. "El resultado fue que él decidió que yo era una 'fanática religiosa', y no estaba interesado en mi fe", dice ella.[2] Pero siguió intentándolo. Se suscribió a algunas buenas revistas cristianas, las cuales él recogía y casualmente hojeaba. Ella en ocasiones sintonizaba programas de radio cristianos para que ambos los escuchasen en su tiempo libre; también le invitaba a la iglesia para algunas ocasiones especiales. Pero aunque ella veía algún avance de vez en cuando, no fue fácil.

> A mí me gustaba asistir a todos los servicios, pero entendía que él no quería. Renuncié a algunos para que él pudiera asistir a los otros. Debido a que él tenía que levantarse temprano los lunes en la mañana y le gustaba llevar a su mamá a un largo paseo en el auto después de la cena el domingo, decidí que la escuela dominical era lo más fácil para él. Por lo tanto, íbamos a la escuela dominical. Más adelante, él decidió que prefería el servicio del domingo de las once de la mañana.
>
> Mi esposo recibió a Cristo como Salvador cuando tenía unos cuarenta años y fue bautizado. Nada requiere más tacto y paciencia que ganar a un esposo no creyente para el Señor.[3]

Estoy seguro de que muchas otras personas que están en matrimonios no aptos dirían lo mismo. Es una larga y difícil batalla ganar a un cónyuge no creyente para el Señor. Pero si es usted paciente, puede que vea resultados. "*No nos cansemos, pues, de hacer bien; porque a su tiempo segaremos, si no desmayamos*" (Gálatas 6:9).

Si está usted casado con un no creyente, quiero que sepa que Dios le sigue amando y se interesa por usted. Él puede perdonar su error. Un matrimonio no apto puede producirle profunda tristeza, lamento e incluso condenación del alma. Puede usted alejarse tanto de Dios que parezca que no hay modo de regresar. Pero Dios siempre está listo para darle la bienvenida de nuevo cuando usted se da cuenta de su error.

Si está pensando en el matrimonio, asegúrese de casarse de tres maneras: en cuerpo, alma y espíritu. Si está usted casado en esas tres maneras, está destinado a tener un matrimonio feliz y un hogar armonioso.

Notas

1. Joan Winmill Brown, ed., *Day-by-Day with Billy Graham* (Minneapolis: World Wide Publications, 1976), 27 de mayo.
2. Dorothy C. Haskin, *God in My Home* (Anderson, IN: Portal Books, 1973), 12.
3. Ibid., 16.

5

SEXO Y DIVORCIO

Una crisis es una bifurcación en la carretera: la pareja gira hacia el crecimiento o hacia una mayor separación.
—Howard J. Clinebell, Jr.[1]

Apenas quedan familias en América que no se hayan visto afectadas por el divorcio. Es un problema que atenaza a nuestra sociedad como un pulpo, ahogando la vida misma de nuestras familias. Incluso los matrimonios cristianos se están disolviendo en divorcio. De hecho, las estadísticas muestran que uno de cada tres nuevos matrimonios terminará en divorcio. El problema se ha convertido en una amenaza nacional.

El sexo está muy relacionado con el problema del divorcio. Algunos divorcios resultan de problemas sexuales *per se*; en otros, los problemas sexuales desempeñan un importante papel. Creo que un esposo y su esposa que se comparten completamente el uno al otro en la relación sexual no es probable que pidan un divorcio. Sus diferencias serán minimizadas, y pueden hablar abiertamente y de modo maduro de cualquier conflicto que surja. Una sana relación sexual ayuda a preservar un matrimonio sano. Según los mismos términos, una relación sexual poco sana no hace nada para detener la desintegración de un matrimonio, y puede que la acelere.

El divorcio es una admisión de fracaso. Significa que un esposo y su esposa han fallado a la hora de hacer los ajustes del matrimonio (y créame, ¡cualquier matrimonio requiere ajustes!). El divorcio significa que un hombre y una mujer han decidido ir por caminos separados en lugar de hacer frente a sus problemas de cara e intentar resolverlos.

Inmadurez

Con frecuencia, el divorcio es la bandera de rendición de la pareja en la batalla por la madurez. ¡Es cierto! Muchas parejas casadas son inmaduras desde el comienzo. No tienen idea alguna de las responsabilidades que conllevará el matrimonio; y cuando las responsabilidades caen en su regazo, ellos no saben qué hacer. Lester David dice de un matrimonio así:

> Fue una hermosa boda. Cierto, la novia tenía solo dieciséis años y el novio solamente diecinueve, pero se veían como adultos y allí estaban, ella tan radiante y él tan alto y protector. Nadie podía imaginar que menos de un año después, ese joven le diría a esa adorable muchacha: "Desearía que estuvieras muerta, porque entonces yo sería libre". O que más adelante aquel mismo día, ella se cortara las venas.[2]

¿Cómo podía una pareja así tener posibilidad? Apenas eran adultos en el sentido físico, y sin duda alguna tampoco en el sentido espiritual, emocional o intelectual. Por lo tanto, no podían ser sexualmente maduros. No pudieron manejar el estrés de vivir juntos día tras día. Se "ponían los nervios de punta" el uno al otro, de modo que su matrimonio se convirtió en una maldición en lugar de una bendición. El divorcio fue su manera de retirarse del campo de batalla y cuidar de sus heridas después de que ella intentara suicidarse.

Actitud casual

Hasta cierto punto, el divorcio está causado por la actitud casual que tiene nuestra sociedad hacia el matrimonio. Muchas personas creen que el matrimonio es simplemente un "arreglo conveniente" que pueden comenzar o terminar tal como deseen, muy parecido a firmar la renta de un apartamento. Cuando uno se cansa del escenario, sencillamente hace las maletas y se va. Este tipo de actitud muestra una básica desconsideración por el lado espiritual del matrimonio. Después de la Segunda Guerra Mundial, cuando el índice de divorcio en Estados Unidos aumentaba a un ritmo alarmante, el sociólogo Henry A. Bowman hizo el siguiente comentario:

> Los matrimonios realizados con una ceremonia civil tienen mayor probabilidad de terminar en divorcio que los realizados con una ceremonia religiosa. Esto no significa que una pareja no religiosa pudiera aumentar la probabilidad de su éxito matrimonial al hacer que un ministro les case. El tipo de ceremonia es significativa solamente hasta el grado en el cual refleje las actitudes de las partes en cuanto a la unión.[3]

El Dr. Bowman concluyó sus comentarios con esta penetrante nota:

> Esos matrimonios afectados más profundamente por el declive de autoridad religiosa tienen menor probabilidad de tener éxito o, en cualquier caso, tienen más probabilidades de divorciarse.[4]

Recordemos que es un sociólogo quien habla, no un ministro religioso. Él dice que las parejas que tienen en poca consideración su vida espiritual, tienen mayor probabilidad de fracasar en el matrimonio. Tienen más posibilidades de romper. Carecen de un ingrediente vital del cemento que debería mantener unido a un matrimonio, porque están casados solamente de dos maneras: en cuerpo y en alma, pero no en espíritu.

Recordemos que el divorcio es un derrumbamiento de las fibras morales y espirituales que unen a una pareja el uno con el otro. Si ellos cortan los hilos espirituales que Dios utilizó para casarlos como esposo y esposa, encontrarán que tienen poco más en común. Quedarán desencantados e insatisfechos el uno con el otro.

Ideales equivocados

Muchas parejas terminan en un tribunal de divorcio porque tenían una idea equivocada del matrimonio en un principio. Una imagen idealizada de lo que sería el matrimonio les hizo incapaces de manejar la difícil realidad que encontraron la mañana después del día de su boda. El Dr. Clyde M. Narramore cuenta de una joven que llevó una carpeta llena de poesías a la oficina editorial de una gran empresa editorial, esperando que su trabajo fuese aceptado para una importante revista. Cuando finalmente fue llevada a la oficina del editor, alegremente le informó de que tenía algunos poemas de amor para su publicación.

"Bien, ¿qué es el amor? Dígame", le dijo el editor.

Los ojos de la muchacha se humedecieron y dio un feliz suspiro. "Amor es llenar el alma con las bellezas de la noche", murmuró ella, "con los brillantes rayos de la luna resplandeciendo sobre el estanque de lirios cuando los fragantes lirios están florecientes, y…".

"¡Basta, basta, basta!", exclamó el editor. "Usted está totalmente equivocada. Le diré lo que es el amor: es levantarse alegremente de una cama caliente en medio de la noche para limpiar porque un hijo está enfermo. Eso es verdadero amor".[5]

Miles de parejas jóvenes recorren el pasillo hasta el altar con el tipo de visiones que esa muchacha describía, solo para descubrir un par de años después que la imagen de amor del editor era más realista. Es una sorpresa desagradable. Y algunos matrimonios no sobreviven al asombro.

Egoísmo

El egoísmo es otra causa común de divorcio. Uno o ambos cónyuges comienzan a decir: "No obtengo la atención que debo obtener de este matrimonio", o: "¿Por qué no me da él (o ella) el amor que debería obtener?". Comienzan las riñas. Esposo y esposa realizan sutiles ataques mutuamente. Utilizan el "humor hostil" para vengarse porque creen que han sido engañados. Al igual que dos naciones que comienzan una guerra, los pequeños roces empeoran; los cónyuges se atacan el uno al otro de manera más cáustica. Poco después, el odio se convierte en divorcio.

Este es un síntoma de la decadente sociedad en Estados Unidos actualmente. Nuestra nación se está volviendo más inestable, lo cual a su vez hace que los individuos se vuelvan más inestables. Los cónyuges en el matrimonio comienzan a gritarse y a quejarse el uno con el otro por cualquier pequeña excusa, y son más propensos a acudir al tribunal de divorcio para encontrar una solución final. Pero los tribunales no resuelven el problema; ellos sencillamente lo llevan a una conclusión. Abogados especializados en casos de divorcios están obteniendo bastante riqueza económica, ¡y no lo hacen por aconsejar a sus clientes que se alejen del divorcio! Jueces toman decisiones que no tienen ninguna base en la Biblia o ni siquiera en la decencia humana común; sencillamente siguen el precedente. Siguen repitiendo los errores de los jueces que les precedieron. Un juez en Ft. Lauderdale me dijo en una ocasión: "Debe entender, Sr. Sumrall, que hay veces en que el tribunal es Dios".

"Señor, el tribunal nunca puede sustituir a Dios", le respondí.

¡Es mejor que lo crea! Dios es soberano sobre todos los seres humanos, sobre todos los tribunales, sobre todas las culturas. Los gobiernos pueden ascender y caer, pero Dios sigue siendo el mismo. Nuestra primera lealtad no es a los libros de leyes o a nuestro país, sino al libro de la ley de nuestro Dios. Cuando obedecemos su ley, no tendremos problema alguno para cumplir los requisitos sueltos de la ley del hombre.

La Palabra de Dios sobre el divorcio

Muchos consejeros matrimoniales, e incluso algunos ministros, dirían que el divorcio es la mejor solución para un grave problema matrimonial. Pero ¿es ese el consejo que Dios daría? ¿Qué tiene Él que decir sobre el divorcio? Jesús les dijo a los fariseos:

> *21. Por la dureza de vuestro corazón Moisés os permitió repudiar a vuestras mujeres; mas al principio no fue así. Y yo os digo que cualquiera que repudia a su mujer, salvo por causa de fornicación, y se casa con otra, adultera; y el que se casa con la repudiada, adultera.* (Mateo 19:8–9)[6]

Una persona podría interpretar este pasaje para que encaje en sus propias ideas preconcebidas sobre el divorcio, pero yo creo que expresa en sí mismo que Jesús dice exactamente lo que quiere decir: *el divorcio es equivocado.*

Notemos que Él dijo: "*Mas al principio no fue así*". Dios ordenó el matrimonio desde el principio mismo, pero no el divorcio. Fue solamente más adelante, cuando el hombre y la mujer corrompieron el matrimonio con el adulterio y todo tipo de perversión, cuando Dios encontró necesario permitir el divorcio. Era mejor realizar una separación formal entre un esposo y su esposa que permitirles mostrar su relación corrupta a toda la comunidad. Leamos cuidadosamente la ley específica que Dios dio para el divorcio:

> *22. Cuando alguno tomare mujer y se casare con ella, si no le agradare por haber hallado en ella alguna cosa indecente, le escribirá carta de divorcio, y se la entregará en su mano, y la despedirá de su casa. Y salida de su casa, podrá ir y casarse con otro hombre.* (Deuteronomio 24:1–2)[7]

Dios dijo que si un hombre encontraba "*cosa indecente*" en su esposa, si ella era una adúltera, no tenía que vivir con ella. Podía darle una "*carta de divorcio*" y poner un término final a su matrimonio. Esta era la única razón para que Dios permitiera el divorcio.

Sin embargo, el pueblo de Israel se aprovechó de este estatuto, y comenzaron a otorgar divorcios por cosas muy triviales. Los gobernadores se tomaron libertades con la frase *"si no le agradare"*, y la interpretaron como refiriéndose a cualquier tipo de desagrado que el esposo sintiera con su esposa. De hecho, muchas mujeres judías vivían con terror a sus esposos, siempre temiendo que se divorciaran de ellas en un arrebato de ira, dejándolas para que cuidaran solas de sí mismas. Por lo tanto, Dios habló por medio del profeta Malaquías para aclarar esta ley:

> 23. *Porque Jehová ha atestiguado entre ti y la mujer de tu juventud, contra la cual has sido desleal, siendo ella tu compañera, y la mujer de tu pacto. ¿No hizo él uno...? ¿Y por qué uno? Porque buscaba una descendencia para Dios. Guardaos, pues, en vuestro espíritu, y no seáis desleales para con la mujer de vuestra juventud. Porque Jehová Dios de Israel ha dicho que él aborrece el repudio, y al que cubre de iniquidad su vestido, dijo Jehová de los ejércitos. Guardaos, pues, en vuestro espíritu, y no seáis desleales.*
> (Malaquías 2:14–16)

¡Dios aborrece el divorcio! Él no se agrada cuando un esposo y su esposa se apartan el uno del otro. Francamente, yo haría todo lo que pudiera para evitar hacer algo que Dios aborrece; intentaría encontrar algún otro modo de rectificar la situación. El divorcio es la gran "cubierta" de pecados matrimoniales; sin embargo, ¡Dios ve perfectamente por la cubierta! Él sabe lo que realmente sucedió, y lo aborrece.

Dios dio a los israelitas estrictas leyes para prevenir cualquier uso descuidado del divorcio. Por ejemplo, la familia de la esposa debía guardar las sábanas de la noche de bodas de la pareja. Entonces, si el hombre la acusaba falsamente de fornicación, ellos podrían mostrar la evidencia manchada de sangre de su virginidad:

> 24. *Cuando alguno tomare mujer, y después de haberse llegado a ella la aborreciere, y le atribuyere faltas que den que hablar, y dijere: A esta mujer tomé, y me llegué a ella, y no la hallé virgen; entonces el padre de la joven y su madre tomarán y sacarán las señales de la virginidad de la doncella a los ancianos de la ciudad, en la puerta; y dirá el padre de la joven a los ancianos: Yo di mi hija a este hombre por mujer, y él la aborrece; y he aquí, él le atribuye faltas que dan que hablar, diciendo: No he hallado virgen a tu hija; pero ved aquí las señales de la virginidad de mi hija. Y extenderán la vestidura delante de los ancianos de la ciudad. Entonces los ancianos de la ciudad tomarán al hombre y lo castigarán; y le multarán en cien piezas de plata, las cuales darán al padre de la joven, por cuanto esparció mala fama sobre una virgen de Israel; y la tendrá por mujer, y no podrá despedirla en todos sus días.*
>
> (Deuteronomio 22:13–19)

Algunas personas se casan y al principio todo parece ir bien; pero finalmente comienzan a culparse y a acusarse el uno al otro. Intentan decir que su cónyuge ha arruinado el matrimonio al practicar sexo con otra persona. Pero Dios sacará a la luz la verdad, ya sea ahora o más adelante.

Ya dije que Dios era protector en cuanto al sexo, ¿verdad?

Dios también estableció normas estrictas para gobernar el segundo matrimonio después del divorcio. Recordará, por ejemplo, que el pasaje de Deuteronomio 24 permitía a una mujer divorciada volver a casarse. Pero leamos cuidadosamente lo que Dios dice entonces:

> 25. *Pero si la aborreciere este último, y le escribiere carta de divorcio, y se la entregare en su mano, y la despidiere de su casa... no podrá su primer marido, que la despidió, volverla a tomar para que sea su mujer, después que fue envilecida; porque es abominación delante de Jehová.*
>
> (Deuteronomio 24:3–4)

Mire, Dios no aprueba ningún matrimonio estilo Hollywood. Casarse caprichosamente con una persona tras otra es una "*abominación*" ante sus ojos. En cuanto a lo que Él respecta, una mujer divorciada que se ha vuelto a casar es "*envilecida*" para su anterior esposo, y su primer esposo se corrompería él mismo al volver a casarse con ella.

Incluso cuando Dios permitió el divorcio, lo reguló para asegurarse de que nadie utilizara el divorcio como una excusa para la promiscuidad.

Mejores soluciones

Si está teniendo problemas en su matrimonio, considere sus alternativas aparte del divorcio. Por todos los medios busque el consejo de un consejero cristiano capaz. Su pastor podría ayudarle; si no, él debería referirle a alguien que pueda. Pero el primer paso para tratar su problema es ser capaz de hablar al respecto, y un buen consejero puede ayudarle a hacer eso.

Si tiene hijos, su consejero podría incluso recomendar la consejería familiar; en otras palabras, puede que quiera llevar a su oficina a la familia completa para hablar sobre su problema. Quizá usted no quiera hacer eso a fin de proteger a sus hijos de las heridas de su matrimonio; pero le guste o no, los niños son parte del sufrimiento, y es mejor permitirles ser parte de la sanidad. La destacada consejera familiar Virginia Satir dice:

> Una vez que el terapeuta convence al esposo de que él es esencial para el proceso de terapia, y que ninguna otra persona puede hablar por él o tomar su lugar en la terapia *o* en la vida familiar, él enseguida entra. La esposa (en su papel como madre) puede iniciar la terapia familiar, pero cuando la terapia ha comenzado, el esposo llega a involucrarse tanto como ella. La terapia familiar parece tener sentido para la familia completa. Esposo y esposa dicen: "Ahora, al menos estamos juntos y podemos llegar hasta el fondo de esto".[8]

Los dos necesitan afrontar su problema y admitir que es un problema. Su familia necesita afrontarlo. De hecho, puede que descubra que su familia se fortalece cuando se sientan juntos y hablan de sus problemas matrimoniales.

Tengan un espíritu perdonador el uno hacia el otro. No tengan temor a reconsiderar lo que han hecho, y digan: "Mira, yo estaba equivocado. Lo siento". Este tipo de espíritu eliminaría la inmensa mayoría de todos los divorcios. Pero un espíritu obstinado y poco perdonador sigue arrastrando viejos problemas y lanzándolos a todos los demás. El resultado son corazones rotos y hogares rotos. Jesús es nuestro ejemplo de perdón; si imitamos su espíritu de amor y de entendimiento hacia nuestro cónyuge, volveremos a llevar armonía a las situaciones más discordantes.

Hablando de perdón: notemos que el adulterio puede ser perdonado, al igual que cualquier otro pecado. Algunos cristianos piensan que Dios requiere divorcio si hay adulterio, incluso si el cónyuge que ha pecado se arrepiente de lo que ha hecho. Pero volvamos a leer lo que Él dijo. Él no requiere divorcio si hay adulterio; Él lo permite. Entonces dice que Él aborrece el divorcio, punto.

Es mucho mejor perdonar que castigar a una persona para siempre. Si usted guarda rencor contra su cónyuge, inyecta veneno en sus propias venas, y se convierte usted mismo en una persona amargada. Se causa a sí mismo tanto sufrimiento como a su cónyuge; con frecuencia aún más. Pero si extiende una mano de amor a su cónyuge, descubrirá que recibe amor a cambio, y se fortalecerá y será más maduro como cristiano. El Dr. G. Curtis Jones nos habla de un caso así:

> Una vez serví en una iglesia en la que el guarda principal había estado en la plantilla de personal durante cincuenta años. Durante ese período, él tuvo graves problemas domésticos. Su esposa le abandonó. Pasaron años, y finalmente ella le pidió regresar. Este espléndido cristiano la aceptó, diciendo: "Ella es mi esposa y la madre de mi hijo". Tal perdón nos recuerda a Oseas, quien recibió de nuevo a su esposa después de su infidelidad. No es extraño que la congregación a la que este hombre servía pusiera una placa en su memoria.[9]

Si su cónyuge comete adulterio, le insto a que lea el libro de Oseas y aprenda lo que significa realmente el perdón. Piense en el amor que tenía Oseas por su esposa, que seguía cayendo en la promiscuidad. La ley le permitía divorciarse de ella, y él sin duda se habría sentido justificado al hacerlo; pero su amor ganó. Él la perdonó y la recibió de nuevo en su hogar. Juntos restablecieron su familia.

Quiero que su hogar sea hermoso. Quiero que Jesús bendiga su matrimonio. Si está teniendo un problema matrimonial, acudan juntos a la Biblia para ver lo que Dios dice al respecto; después oren juntos y permitan que el Espíritu del Señor vuelva a llenarlos. Permitan que su perdón fluya en sus corazones, y entonces hablen el uno con el otro acerca de su problema. Dé el primer paso para sanar las heridas en su relación diciendo: "Lo siento, cariño. He estado equivocado".

"Pero, Dr. Sumrall", dice usted, "¡yo no he estado equivocado!".

Amigo, son necesarias dos personas para estar en desacuerdo; se necesitan dos para tener disonancia; son necesarios dos para romper un matrimonio. Por lo tanto, independientemente de si usted tenía "razón" o estaba "equivocado" acerca del asunto que dio comienzo a su problema, se equivocó usted al permitir que se convirtiera en un problema. Admita eso. Pida perdón a su cónyuge, y entonces Dios puede comenzar a unirlos de nuevo.

Notas

1. Howard J. Clinebell, Jr., *Growth Counseling for Marriage Enrichment* (Philadelphia: Fortress Press, 1975), 65.
2. Lester David, "Matrimony Is Not for Children", *How to Live with Life* (Pleasantville, NY: Reader's Digest Association, 1965), 44.
3. Henry A. Bowman, *Marriage for Moderns* (New York: McGraw-Hill, 1954), 502.
4. Ibid., 502.
5. Clyde M. Narramore, *This Way to Happiness* (Grand Rapids, MI: Zondervan, 1969), 22.
6. Aparentemente, la última parte de este texto se refiere a una mujer que se divorció por otras razones aparte del adulterio. Es decir, si un hombre se casa con una mujer divorciada por una razón ilegítima, está cometiendo adulterio.

7. La última frase de este pasaje no aprueba el adulterio, porque Dios no lo aprueba. La intención, supongo, es permitir que una adúltera divorciada que se haya *arrepentido* vuelva a casarse.
8. Virginia Satir, *Conjoint Family Therapy,* edición revisada (Palo Alto, CA: Science and Behavior Books, Inc., 1967), 5.
9. G. Curtis Jones, *A Man and His Religion* (St. Louis: Bethany, 1967), 65.

6

VEINTE LEYES CONTRA EL INCESTO

A una época que aprueba cada vez más la explotación
de los seres humanos en el juego del sexo,
[la Palabra de Dios] habla del orden divino entre
los hombres, que requiere un reconocimiento de
la santidad del matrimonio. Las personas no son
simplemente cuerpos con los que jugar.
—Jack Ford[1]

El programa *The Phil Donahue Show* presentó recientemente a una joven cuyo padrastro había tenido relaciones sexuales con ella muchas veces cuando era adolescente. Este vínculo de incesto casi le destruyó, emocionalmente y espiritualmente. Su padrastro se arrepintió de lo que había hecho, y mediante la ayuda de consejeros experimentados, la joven fue capaz de recuperar su sentimiento de dignidad y respeto propio.

"Lo que hice fue una cosa terrible", dijo el padrastro. "Pero espero que el que hablemos de ello ayude a alguna otra familia a evitar este problema".

El incesto es uno de los "pecados secretos" del que las personas en raras ocasiones hablan. Es un pecado vil. Destruye la familia como una unidad y a los individuos dentro de esa familia. Pero lo peor de todo es que ofende a Dios, quien creó el sexo para el matrimonio.

Dios ordenó que un hombre y una mujer que tengan los mismos padres o que estén íntimamente relacionados por vínculo de sangre no deberían cohabitar; no deberían compartir intimidad sexual, ni deberían producir descendencia. Se podría pensar que Dios evitaría un tema tan delicado, pero la Biblia está llena de pronunciamientos de Dios sobre el incesto. De hecho, la Biblia repite su ley contra el incesto al menos veinte veces, y en dos diferentes libros del Antiguo Testamento. Leamos el mandamiento de Dios contra el incesto y las razones que lo respaldan:

> 26. *Ningún varón se llegue a parienta próxima alguna, para descubrir su desnudez. Yo Jehová.* (Levítico 18:6)

La Escritura usa la frase "*para descubrir su desnudez*" como una manera con tacto de referirse al acto sexual. Dios dice específicamente que una persona no debería practicar sexo con alguien que sea "pariente próximo". ¿Por qué? Porque "*Yo Jehová*"; en otras palabras, es así sencillamente porque Él tiene la autoridad para decirlo. Observemos ahora los casos concretos de incesto que Dios prohíbe:

> 27. *La desnudez de tu padre, o la desnudez de tu madre, no descubrirás; tu madre es, no descubrirás su desnudez. La desnudez de la mujer de tu padre no descubrirás; es la desnudez de tu padre.* (Levítico 18:7–8)

Para decirlo claramente, Dios dice que una muchacha no debería tener relaciones sexuales con su padre, y un muchacho no debería tener relaciones sexuales con su madre.

"Pero, hermano Sumrall", es probable que diga alguien, "¡eso ya no sucede!".

Como pastor, puedo decir que sucede todo el tiempo. Constantemente acuden a mi oficina personas que están enredadas en el incesto. Por ejemplo, he aconsejado a un joven que huyó de su casa debido a que su madre insistía en tener relaciones sexuales con él. La primera vez que él tuvo relaciones sexuales con una mujer fue cuando ella le sedujo hasta su cama, e insistió en "enseñarle" la manera de obtener placer sexual. Siempre que ella quería, le forzaba a ir a la cama con ella amenazando con decírselo a su padre. No diga que Dios simplemente está hablando al viento cuando habla sobre el incesto; está hablando a los hogares de América. Él prohíbe que cualquiera contamine el matrimonio de madre y padre.

> 28. *La desnudez de tu hermana, hija de tu padre o hija de tu madre, nacida en casa o nacida fuera, su desnudez no descubrirás.* (Levítico 18:9)

> 29. *La desnudez de la hija de tu hijo, o de la hija de tu hija, su desnudez no descubrirás, porque es la desnudez tuya.* (Levítico 18:10)

30. La desnudez de la hija de la mujer de tu padre, engendrada de tu padre, tu hermana es; su desnudez no descubrirás. (Levítico 18:11)

31. La desnudez de la hermana de tu padre no descubrirás; es parienta de tu padre. La desnudez de la hermana de tu madre no descubrirás, porque parienta de tu madre es. La desnudez del hermano de tu padre no descubrirás; no llegarás a su mujer; es mujer del hermano de tu padre. (Levítico 18:12–14)

32. La desnudez de tu nuera no descubrirás; mujer es de tu hijo, no descubrirás su desnudez. (Levítico 18:15)

33. La desnudez de la mujer de tu hermano no descubrirás; es la desnudez de tu hermano. (Levítico 18:16)

34. La desnudez de la mujer y de su hija no descubrirás; no tomarás la hija de su hijo, ni la hija de su hija, para descubrir su desnudez; son parientas, es maldad. No tomarás mujer juntamente con su hermana, para hacerla su rival, descubriendo su desnudez delante de ella en su vida. (Levítico 18:17–18)

Esta ley concierne al incesto en segundos matrimonios: incesto con hijastros o con otros familiares de una segunda esposa. Quizá sea esta la forma de incesto más común en América actualmente. Con el gran número de divorcios y nuevos matrimonios que se producen ahora, hombres y mujeres están siendo lanzados al contacto íntimo con nuevas familias, y parecen sentirse menos culpables acerca de mantener sexo ilícito con miembros de esas familias.

Recientemente, llegó una mujer a mi oficina para buscar consejería acerca de tal problema. Ella estaba casada y tenía dos buenos hijos, pero le perseguía la culpabilidad de una relación incestuosa que había mantenido con su padrastro.

Cuando su padre natural murió, su madre volvió a casarse. Un día, el padrastro envió a su madre a hacer algunas compras, y aprovechó la ocasión para seducir a la muchacha y llevarla a la cama. Ella tenía solamente trece años en ese tiempo. Durante los cinco años siguientes, el padrastro siguió manteniendo esos encuentros por las tardes. Le decía que si ella se lo decía a su madre, él la echaría de su casa y ella se "moriría de hambre". Ella escapó de esa situación solamente cuando se casó. Pero incluso ahora, el recuerdo de esa aventura la hace hervir de enojo.

Mire, ¡el pecado es una cosa terrible! Sus efectos se prolongan durante años; deja cicatrices que necesitan mucho tiempo para curarse.

> 35. *Cualquiera que yaciere con la mujer de su padre, la desnudez de su padre descubrió; ambos han de ser muertos; su sangre será sobre ellos.* (Levítico 20:11)

> 36. *Si alguno durmiere con su nuera, ambos han de morir; cometieron grave perversión; su sangre será sobre ellos.* (Levítico 20:12)

> 37. *El que tomare mujer y a la madre de ella, comete vileza; quemarán con fuego a él y a ellas, para que no haya vileza entre vosotros.* (Levítico 20:14)

> 38. *Si alguno tomare a su hermana, hija de su padre o hija de su madre, y viere su desnudez, y ella viere la suya, es cosa execrable; por tanto serán muertos a ojos de los hijos*

> *de su pueblo; descubrió la desnudez de su hermana; su pecado llevará.* (Levítico 20:17)

Estas leyes detallan los castigos para el incesto. Mientras que las leyes del capítulo 18 sencillamente dicen que Dios prohíbe el incesto, el capítulo 20 nos muestra las consecuencias de quebrantar su Palabra. Obviamente, el incesto era un asunto grave. Era punible en tiempos del Antiguo Testamento con la muerte, incluso la muerte tortuosa de ser quemado vivo.

Pero algunas de las leyes de Dios sugieren un castigo espiritual por este tipo de perversión. Tenemos un destello de eso en Levítico 20:17, cuando Dios dijo que un hombre que comete incesto con su hermana *"su pecado llevará"*. Sigamos leyendo, y se hace más claro que el incesto causa un castigo espiritual al igual que físico:

> 39. *La desnudez de la hermana de tu madre, o de la hermana de tu padre, no descubrirás; porque al descubrir la desnudez de su parienta, su iniquidad llevarán. Cualquiera que durmiere con la mujer del hermano de su padre, la desnudez del hermano de su padre descubrió; su pecado llevarán; morirán sin hijos.* (Levítico 20:19–20)

> 40. *Y el que tomare la mujer de su hermano, comete inmundicia; la desnudez de su hermano descubrió; sin hijos serán.* (Levítico 20:21)

No solo la comunidad castiga a las personas culpables de incesto, sino que Dios los castigaba dejándoles sin hijos. El incesto era tal abominación ante los ojos de Él, que se negaba a otorgar incluso los resultados normales biológicos de la relación sexual. Él no permitía traer hijos al mundo bajo esas circunstancias.

Desgraciadamente, eso no es cierto en la actualidad. A veces nacen hijos de parejas incestuosas. No sé por qué Dios permite eso ahora; quizá se deba a que vivimos en una nueva era de gracia, en la que todos tienen la oportunidad de conocer su ley. Quizá Él espera que seamos más responsables de lo que fueron los hijos de Israel, de modo que nos permite vivir con los resultados de nuestro pecado. Cualquiera que sea la razón, creo que estaría usted de acuerdo en que el incesto produce un gran daño espiritual y también daño emocional a las personas implicadas.

El libro de Deuteronomio es un repaso y un resumen de la ley que Dios dio a su pueblo en el monte Sinaí. Así es como el libro obtuvo su nombre: "Deuteronomio" (en griego, "segunda ley"). Cuando leemos las leyes de Dios contra el incesto en Deuteronomio, encontramos que las leyes de Levítico han sido ampliadas y aclaradas en algunos puntos:

> 41. *Ninguno tomará la mujer de su padre, ni profanará el lecho de su padre.* (Deuteronomio 22:30)

> 42. *Maldito el que deshonrare a su padre o a su madre. Y dirá todo el pueblo: Amén.* (Deuteronomio 27:16)

> 43. *Maldito el que se acostare con la mujer de su padre, por cuanto descubrió el regazo de su padre. Y dirá todo el pueblo: Amén.* (Deuteronomio 27:20)

> 44. *Maldito el que se acostare con su hermana, hija de su padre, o hija de su madre. Y dirá todo el pueblo: Amén.* (Deuteronomio 27:22)

> 45. *Maldito el que se acostare con su suegra. Y dirá todo el pueblo: Amén.* (Deuteronomio 27:23)

La primera de estas leyes simplemente declara que el incesto está mal, haciendo énfasis una vez más en que es incorrecto tan solo porque Dios lo dice. Pero las cuatro leyes siguientes sitúan el incesto en una perspectiva de comunidad. Cada una dice que el pueblo de Israel tenía que condenar el incesto como *"maldito"*; y debían añadir su *"amén"* a la declaración de la maldición por parte del sacerdote. Ellos eran responsables de hacer cumplir la ley de Dios. Lo mismo es cierto en la actualidad; Dios espera que nosotros hagamos cumplir sus leyes de moralidad sexual y condenemos cualquier impureza que se cuele en nuestra sociedad. ¡Esa es una de las razones por las que siento una carga grande por escribir este libro!

Historias de la Biblia

La Biblia nos da algunas historias de incesto, ejemplos de la vida real de lo que sucedía cuando las personas ignoraban la ley de Dios. No estaremos mucho tiempo en ellas, pero creo que deberíamos examinar el modo en que las leyes de Dios sobre el incesto pueden protegernos de algunos errores muy necios y destructivos.

Génesis 35 registra un caso de incesto entre los doce hijos de Jacob. Observemos lo que sucedió:

> *Aconteció que cuando moraba Israel* [Jacob] *en aquella tierra, fue Rubén y durmió con Bilha la concubina de su padre; lo cual llegó a saber Israel.* (Génesis 35:22)

No leemos nada más acerca de este incidente hasta varios años después, cuando Jacob estaba en su lecho de muerte. Reunió a sus doce hijos en torno a él y comenzó a darles su bendición final, siendo Rubén el primero:

> *Rubén, tú eres mi primogénito, mi fortaleza, y el principio de mi vigor; principal en dignidad, principal en poder. Impetuoso como las aguas, no serás el principal, por cuanto subiste al lecho de tu padre; entonces te envileciste, subiendo a mi estrado.* (Génesis 49:3–4)

¿Puede imaginar la vergüenza que Rubén debió de haber sentido? Él era el primer hijo, el heredero legal de las mejores posesiones de Jacob; sin embargo, Jacob no pudo bendecirle debido a su incesto. El padre de Rubén reveló su pecado delante de sus hermanos. Dijo: "*Subiendo a mi estrado*". Las cosas probablemente quedaron tan en silencio, ¡que se podría oír caer un alfiler! Los hermanos quedaron asombrados al escuchar sobre ese delito, y Rubén mismo quedó en silencio avergonzado.

Pero ese no fue el final del asunto. Generaciones después, un cronista judío puso una triste nota en el registro:

> *Los hijos de Rubén primogénito de Israel (porque él era el primogénito, mas como violó el lecho de su padre, sus derechos de primogenitura fueron dados a los hijos de José, hijo de Israel, y no fue contado por primogénito).*
> (1 Crónicas 5:1)

Rubén perdió su primogenitura; perdió su herencia legítima porque tuvo una aventura amorosa con la concubina de su padre. Por lo tanto, el cronista suplicaba nuestra indulgencia para enumerar a los descendientes de Rubén. "Después de todo", dice, "tengo que hacerlo porque la genealogía se reconoce según el primogénito, y no según la primogenitura". Rubén puso una maldición sobre su familia, una maldición sobre la historia misma, al permitirse tener una aventura impulsiva con la pareja de su padre.

Otro caso de incesto está registrado en 2 Samuel 16. Ocurrió en la familia de David, el mayor de los reyes de Israel:

> *Entonces dijo Absalón a Ahitofel: Dad vuestro consejo sobre lo que debemos hacer. Y Ahitofel dijo a Absalón: Llégate a las concubinas de tu padre, que él dejó para guardar la casa; y todo el pueblo de Israel oirá que te has hecho aborrecible a tu padre, y así se fortalecerán las manos de todos los que están contigo. Entonces pusieron para Absalón una tienda sobre el terrado, y se llegó Absalón a las concubinas de su padre, ante los ojos de todo Israel.*
> (2 Samuel 16:20–22)

Absalón quería comenzar una rebelión contra su padre, de modo que le preguntó al consejero del rey (quien estaba tramando juntamente con él) cómo hacer que el pueblo se agitara. "Es sencillo", dijo el consejero; "tan solo pon una tienda en lo alto de la casa de tu padre, donde todos puedan verte, ¡y practica sexo con todas sus concubinas!".

Por lo tanto, Absalón aceptó el consejo, y cometió incesto con las mujeres de su padre. Y la nación irrumpió en una guerra civil que terminó solamente con la muerte de Absalón. En realidad, fue el cumplimiento de la profecía. Cuando el rey David había conspirado para conseguir a la esposa de Urías heteo, el profeta Natán le confrontó con estas palabras:

> *Así ha dicho Jehová: He aquí yo haré levantar el mal sobre ti de tu misma casa, y tomaré tus mujeres delante de tus ojos, y las daré a tu prójimo, el cual yacerá con tus mujeres a la vista del sol.* (2 Samuel 12:11)

Cuando el pecado regresa, lo hace con venganza. Nadie aprendió esta lección más dolorosamente que David.

Al menos un caso de incesto está registrado en el Nuevo Testamento. De hecho, Pablo dedicó todo un capítulo de su primera carta a los Corintios a este problema. Él escribió:

> *De cierto se oye que hay entre vosotros fornicación, y tal fornicación cual ni aun se nombra entre los gentiles; tanto que alguno tiene la mujer de su padre... el tal sea entregado a Satanás para destrucción de la carne, a fin de que el espíritu sea salvo en el día del Señor Jesús.*
>
> (1 Corintios 5:1, 5)

El hombre que cometía incesto era cristiano. Sabemos eso porque Pablo vuelve a mencionarlo una vez más en 2 Corintios 2 y le llama "hermano". Sin embargo, el hombre estaba viviendo en pecado con la esposa de su padre, y la iglesia no hacía nada para corregirlo. Por lo tanto, Pablo los reprendió, y dijo: "*¿No sabéis que un poco de levadura leuda toda la masa?*" (1 Corintios 5:6). En otras palabras, si permitían que un hombre viviera en incesto, pronto tendrían a otros cristianos viviendo en adulterio, homosexualidad, o a muchachas cristianas caminando por las calles como prostitutas. Tenían que librarse del pecado. Por lo tanto, Pablo les dijo que expulsaran al hombre de su comunión. Era mejor hacerle vivir fuera de la iglesia sin todos los beneficios físicos que la iglesia del primer siglo proporcionaba, y esperar que él se diera cuenta de su pecado y se arrepintiera.

De hecho, eso fue lo que sucedió. La iglesia le expulsó; y parece que el hombre se arrepintió, porque en la siguiente carta de Pablo, dijo:

> *Le basta a tal persona esta reprensión hecha por muchos; así que, al contrario, vosotros más bien debéis perdonarle y consolarle, para que no sea consumido de demasiada tristeza.* (2 Corintios 2:6–7)

El perdón de Dios es así de completo: Él puede perdonar cualquier pecado sexual, incluso el incesto, si una persona se arrepiente de ello. Dios dice que no debemos pervertir el propósito del sexo al tener relaciones sexuales con nuestros padres, nuestros hijos u otros familiares. El sexo no es solamente otro entretenimiento familiar. Es una cosa santa y sana que debiera ser respetada y utilizada reverentemente.

Nota

1. Jack Ford, "The Book of Deuteronomy", *Beacon Bible Commentary,* vol. 1, ed. A. F. Harper (Kansas City: Beacon Hill, 1969), 578.

7

LA PERVERSIÓN SEXUAL CONLLEVA UNA MALDICIÓN

Algunas personas están construyendo gallineros
cuando debieran estar levantando mansiones.
Recuerde que tendrá que vivir en lo que construya.
Puede usted construir un gallinero y estar encerrado
toda su vida, o puede construir una mansión y
disfrutar la libertad de sus comodidades.
—Carl C. Williams[1]

Ninguna persona ha nacido nunca siendo homosexual; sin embargo, miles de personas en nuestro país creen que son diferentes por diseño. Creen que hay alguna alteración natural en la química de su cuerpo que les hace sentirse atraídos hacia personas de su mismo sexo, y dicen que debieran tener una relación homosexual libre y abierta. Pero la Palabra de Dios dice que están equivocados. Un homosexual llega a serlo mediante el deseo, el cual conduce a la experimentación, o mediante la presión de amigos o parientes homosexuales o bisexuales. No es lo que Dios quiso.

Antes de que los eslóganes de los "derechos gay" llegasen a ser tan populares, a los actos homosexuales se los denominaba "sodomía". Ese término proviene de la ciudad de Sodoma, la cual describe la Biblia como una de las ciudades más malvadas sobre la faz de la tierra. Génesis 19 relata que Dios envió dos ángeles a visitar a Lot a esa ciudad. Mientras estaban sentados a la mesa cenando, los hombres de Sodoma golpearon la puerta y demandaron que Lot hiciera salir a sus visitantes para que pudieran tener relaciones sexuales con ellos. Lot suplicó a los hombres que tomasen en cambio a sus hijas; pero la turba estaba decidida a tener a los hombres. Mientras discutían al respecto, los ángeles dejaron ciega a la multitud. Advirtieron a Lot que reuniese a su familia y huyese de la ciudad, diciendo que Dios les había enviado a destruirla debido a su gran maldad y pecado.

Este relato demuestra que la perversión sexual no comenzó en el siglo XX; ha estado con nosotros siempre desde la caída de Adán y Eva. Y en la actualidad es tan sucia y condenable como lo era en tiempos de Sodoma.

La Palabra de Dios para los "gays"

Dios nos ha dado una norma muy explícita sobre la homosexualidad. Leamos lo que su Palabra dice:

> 46. *No te echarás con varón como con mujer; es abominación… En ninguna de estas cosas os amancillaréis; pues*

> *en todas estas cosas se han corrompido las naciones que yo echo de delante de vosotros, y la tierra fue contaminada; y yo visité su maldad sobre ella, y la tierra vomitó sus moradores.* (Levítico 18:22, 24–25)

Dios barrió naciones enteras debido a que practicaban la homosexualidad. ¿Sabía que eso estaba en la Biblia? Es terrible pensar en ello.

En medio de todo el clamor por los "derechos de los gays", debiéramos prestar mucha atención a lo que Dios dice sobre la homosexualidad. Dios se toma en serio este problema, y lo trata con firmeza. Él clasifica la homosexualidad entre los pecados más viles de la humanidad.

> *47. Pues aun sus mujeres cambiaron el uso natural por el que es contra naturaleza, y de igual modo también los hombres, dejando el uso natural de la mujer, se encendieron en su lascivia unos con otros, cometiendo hechos vergonzosos hombres con hombres, y recibiendo en sí mismos la retribución debida a su extravío... que los que practican tales cosas son dignos de muerte.* (Romanos 1:26–27, 32)

¿Diría Dios eso sobre los homosexuales si algunas personas *nacieran* siendo de ese modo? Creo que no. Él intenta protegernos de pasiones desordenadas. La homosexualidad es tan perversa como la prostitución; ambas frustran el propósito que Dios quiso para el sexo. Leamos lo que Él dice:

> *48. No haya ramera de entre las hijas de Israel, ni haya sodomita de entre los hijos de Israel.* (Deuteronomio 23:17)

Dios utiliza un fuerte lenguaje para denunciar la perversión del sexo. Como hemos visto tantas veces antes, Dios es muy protector con respecto al sexo. Él no deja lugar a la conducta que está motivada por el deseo retorcido.

Yo he tenido suficientes encuentros cara a cara con homosexuales como para conocer la vida tan triste y desesperada que llevan. Mientras iba caminando por las calles de Jerusalén, por ejemplo, se acercaron a mí varios jóvenes ofreciéndome tener relaciones sexuales conmigo. Eran muchachos muy jóvenes, de unos diez años de edad. No puedo decir lo mucho que aquello entristeció mi corazón. Pero puse mi brazo sobre los hombros de cada uno de los muchachos y dije: "Hijo, no sé qué tipo de hombres habrás conocido antes, pero yo soy un hombre piadoso, y quiero que sepas que lo que estás haciendo no está bien. Es incorrecto ofrecerse a hacer tal cosa; es malvada. Vete directamente a tu casa y diles a tus padres lo que has estado haciendo, y pide a Dios que te perdone por esto".

Este tipo de cosas ha ocurrido durante siglos, y ahora es común en América. La homosexualidad está atrayendo a miles de hombres y mujeres a su hechizo.

> *49. ¿No sabéis que los injustos no heredarán el reino de Dios? No erréis; ni los fornicarios, ni los idólatras, ni los adúlteros, ni los afeminados, ni los que se echan con varones, ni los ladrones, ni los avaros, ni los borrachos, ni los maldicientes, ni los estafadores, heredarán el reino de Dios.* (1 Corintios 6:9–10)

Esto es lo peor sobre la homosexualidad: el resultado espiritual. Ciertamente, degrada al individuo y distorsiona sus valores morales. El sexo se convierte en un frívolo tipo de recreación física que puede disfrutarse en cualquier momento, en cualquier lugar y con cualquiera. Estos resultados ya son lo bastante malos; pero el factor decisivo es lo que la homosexualidad le hace al alma de una persona, conduciéndole a un grueso pecado.

La Biblia dice que la homosexualidad está al lado de la borrachera, la extorsión y la idolatría como una forma despreciable de impiedad. Declara que un homosexual no puede heredar el reino de Dios, no más de lo que podría heredarlo un ladrón común. Si cree que Dios está siendo demasiado duro en este punto, recordemos los propósitos básicos del sexo:

—*Traer hijos al mundo.* Los homosexuales y las lesbianas no pueden cumplir el primer mandamiento de Dios con respecto al sexo. (Véase Génesis 1:28). No pueden "llenar la tierra" mediante su lujuria perversa. De hecho, si todo el mundo pensara que la homosexualidad era el modelo ideal para la vida sexual, la humanidad moriría en una generación.

—*Proporcionar placer a los cónyuges casados.* Algunos homosexuales intentan eludir esto poniendo en escena "matrimonios gay": llegar a casarse con sus parejas sexuales; pero Dios sigue diciendo que es pecado que dos personas del mismo sexo "hagan el amor" (véase Levítico 18:22), y la aprobación de un abogado o un juez de paz no hace que sea menos equivocado.

—*Simbolizar la relación de Cristo con su iglesia* (véase Efesios 5:23–25). A este respecto, la homosexualidad es una clara blasfemia contra Dios. Sugiere, en efecto, que Cristo no tiene amor ninguno por su iglesia o que la iglesia no tiene necesidad alguna de Cristo. Cualquiera de esas cosas es una mentira. Un homosexual está pervirtiendo la verdad de Dios y al mismo tiempo pervirtiendo el sexo: el regalo de Dios. Este pecado debe recibir el nombre que realmente tiene.

Sin embargo, el pecado de homosexualidad puede ser perdonado. Líderes del movimiento "por los derechos de los gays" insisten en que la homosexualidad es algo con lo que la persona debe vivir siempre; pero Dios no dice eso. Él dice: "*Venid luego, dice Jehová, y estemos a cuenta: si vuestros pecados fueren como la grana, como la nieve serán emblanquecidos; si fueren rojos como el carmesí, vendrán a ser como blanca lana*" (Isaías 1:18). Dios está preparado para perdonar cualquier pecado, sin importar lo vil y ofensivo que sea, en cuanto le confesamos a Él nuestro pecado. Él nos ama hasta ese punto. Uno de mis versículos favoritos de la Biblia dice: "*Si confesamos nuestros pecados, él es fiel y justo para perdonar nuestros pecados, y limpiarnos de toda maldad*" (1 Juan 1:9). ¡Es cierto! Cuando confesemos nuestros pecados al Señor, Él nos perdonará y limpiará todo el pecado de nuestra vida, incluso el pecado de homosexualidad.

No se deje engañar para pensar que la homosexualidad es algo que está en los genes, algo que no puede cambiarse. Es un pecado. Y gracias a Dios, el pecado puede ser limpiado cuando lo confesamos a Él.

Prostitución

He enfocado mucha atención a la perversión de la homosexualidad simplemente porque la Palabra de Dios está siendo desafiada con mucha osadía en ese punto actualmente. Pero no debiéramos pasar por alto otras formas de perversión sexual que son igual de pecaminosas y devastadoras. Una de ellas es la prostitución.

La prostitución es la venta de los favores sexuales de la persona. Es mercadear con el sexo: tener relaciones sexuales con alguien a cambio de dinero o algún otro privilegio. Hay prostitutas tanto femeninas como masculinas, y operan en todos los niveles de la sociedad. Un juez federal fue acusado recientemente con cargos de aceptar favores sexuales por parte de mujeres demandadas. Una acomodada prostituta en Washington, D.C. nombró a varios políticos de alto nivel como sus clientes en un escándalo hace tan solo unos pocos años. Muchas estrellas del cine y ejecutivos de empresas mantienen a sus prostitutas y prostitutos con grandes comodidades, permitiéndoles vivir en apartamentos caros y que un chofer les lleve por la ciudad en acolchadas limusinas. La prostitución ya no es solamente un negocio. Un sociólogo ha realizado esta fría evaluación del problema:

> La prostitución ha perdurado [sic] en todas las civilizaciones; ciertamente, pocas instituciones han demostrado ser tan robustas. Las condiciones inevitables de la vida social producen invariablemente la provisión para satisfacer la demanda siempre presente.[2]

Él pasa a recomendar que, ya que la prostitución está tan extendida, ¡deberíamos abolir nuestras leyes contra ella! Aunque no estoy de acuerdo con su solución, sin duda él ha evaluado el problema con precisión. Desde que Adán y Eva abandonaron el huerto de Edén, siempre ha habido algunas personas lo suficientemente desesperadas para vender sus cuerpos en el mercado libre. Actualmente, la prostitución tiene un aspecto más profesional, pero su motivo sigue siendo el mismo. Hombres y mujeres siguen entrando en la prostitución debido a problemas económicos, presiones familiares o algún otro desplome de la vida normal. En raras ocasiones una persona se convierte en prostituta por capricho. Es un paso deliberado, con frecuencia renuente, que da la persona. Pero cuando una prostituta ha comenzado a vender sexo, se convierte en un modo de vida aceptado: el ciclo es difícil de romper. ¿Qué dice Dios acerca de este problema?

> *50. No contaminarás a tu hija haciéndola fornicar, para que no se prostituya la tierra y se llene de maldad.*
>
> (Levítico 19:29)

Dios llama "maldad" a la prostitución. Él no nos permite enviar a nuestras hijas a la prostitución porque es una cosa malvada. También, el libro de Proverbios da advertencias muy estrictas a cualquier hombre que se sienta tentado a frecuentar a una prostituta:

> *51. No se aparte tu corazón a sus caminos; no yerres en sus veredas. Porque a muchos ha hecho caer heridos, y aun los más fuertes han sido muertos por ella. Camino al Seol es su casa, que conduce a las cámaras de la muerte.*
>
> (Proverbios 7:25–27)

Eso es decirlo claramente, ¿verdad? Dios dice que la prostituta le llevará al infierno; ella destruirá el alma al igual que el cuerpo. El mayor peligro en visitar a una prostituta no es la enfermedad que podría contraerse (aunque eso ciertamente es un peligro); el mayor peligro es que ese hombre perderá su alma al corromperse con una persona tal.

Repito: Dios está preparado para perdonar a una prostituta que se arrepienta. Él ama a la prostituta, y está listo para limpiarla de toda la culpabilidad y del sufrimiento que ha causado este pecado.

¿Recuerda a la mujer pecadora que fue y se arrodilló a los pies de Jesús, lavándolos con sus lágrimas? Las personas que estaban allí con Jesús le criticaron por relacionarse con ella, pero Él dijo: "*Sus muchos pecados le son perdonados, porque amó mucho; mas aquel a quien se le perdona poco, poco ama*" (Lucas 7:47). Muchas veces, una persona que ha estado profundamente en el pecado, como la prostituta, se convierte en uno de los cristianos más radiantes porque Cristo le ha perdonado mucho. La promesa de Dios es segura. Él perdonará a cualquiera que verdaderamente lamente el pasado. (Véase Colosenses 2:13–14).

Bestialidad

Ahora veremos algo que realmente le asombrará. Perdóneme por incluso mencionarlo, porque es repulsivo; pero debemos tratarlo, porque Dios lo trata en su Palabra.

Estoy hablando sobre bestialidad: tener relaciones sexuales con animales. Esta perversión del sexo era mucho más común en el mundo antiguo de lo que es en la actualidad, pero algunas personas siguen practicándola. Películas y revistas pornográficas utilizan escenas de bestialidad para añadir "valor de impacto", y algunas personas deciden experimentar con ello. Dios habla muy francamente acerca de esta práctica:

> 52. *Ni con ningún animal tendrás ayuntamiento amancillándote con él, ni mujer alguna se pondrá delante de animal para ayuntarse con él; es perversión.*
> (Levítico 18:23)

> *Y si una mujer se llegare a algún animal para ayuntarse con él, a la mujer y al animal matarás; morirán indefectiblemente; su sangre será sobre ellos.* (Levítico 20:16)

La bestialidad es una atroz perversión del regalo divino del sexo. Apenas puedo encontrar palabras para expresar lo repugnante que es esta práctica para cualquier persona de mente decente, y mucho menos para el Dios todopoderoso. Sin embargo, algunas personas la realizan. Una vez más tenemos un ejemplo del modo en que el sexo es abaratado por la mente carnal, considerándolo un juguete para el ocioso. La bestialidad demuestra lo lejos que puede descender la mente impía hacia la degradación.

La libertad y la maldición

Cuando Dios nos dio el sexo, nos dio la libertad de escoger cómo lo utilizaríamos. Sus pautas están aquí delante de nosotros, pero Él no nos obligará a seguirlas. Debemos decidir por nosotros mismos.

> Dios no puede negarle al hombre el derecho a actuar equivocadamente. Tales inhibiciones reducirían al hombre al nivel de los animales o los insectos. La misma libertad de elección que permite a un hombre ser noble y compasivo también le permite ser egoísta y odioso.[3]

Esta libertad es el aspecto más estimulante de ser un hombre o una mujer. Se crea un sentimiento de dignidad que ninguna otra criatura puede conocer. Pero cuando utilizamos ese regalo para negar al Dador, actuamos ciertamente de modo muy necio, y causamos sobre nosotros mismos la maldición de las consecuencias.

Quizá se haya visto usted enredado en algún tipo de perversión. Quizá haya caído presa del espíritu de lujuria, el cual conduce a frustración, condenación, depresión y finalmente la muerte. Si es así, tengo buenas noticias para usted: Cristo puede hacerle libre de ello. He orado por cientos de personas para que sean liberadas de la homosexualidad, y Dios ha respondido de maneras maravillosas.

Independientemente de lo fiel que haya sido usted a la iglesia, si está pervirtiendo el sexo nunca entrará en el reino de los cielos. Eso es lo que Dios dice. La perversión sexual es un insulto a Dios.

Pero Dios perdona a un pecador que se arrepiente. He visto a homosexuales entregar sus vidas al Señor y comenzar a cambiar inmediatamente; sus rostros se ven diferentes y todo su ser adopta un aspecto diferente. Los hombres se vuelven más masculinos y las mujeres se vuelven más femeninas. Eso es lo que puede hacer el perdón de Dios.

Si usted tiene este tipo de problema en su familia, le insto a que utilice la Biblia como su norma. Descubra la palabra final de Dios sobre sexo y perversión sexual, y eche fuera la perversión en el santo nombre de Jesús.

Notas

1. Carl C. Williams, *Chicken Coops or Sky Scrapers?* (Anderson, IN: Warner, 1973), 12.
2. Sanford H. Kadish, "The Crisis of Overcriminalization", *Crime, Criminology, and Contemporary Society,* ed. Richard D. Knudten (Homewood, IL: The Dorsey Press, 1970), 8.
3. Mort Crim, *Like It Is!* (Anderson, IN: Portal Books, 1972), 32.

8

LOS ENGAÑOS DEL SEXO

El gozo frecuentemente se confunde con simple placer. El gozo del cual habla la Biblia llena a la persona desde dentro hacia fuera.
—Cyvette Guerra[1]

Satanás puede engañarle para que piense que el sexo es la respuesta a todos sus problemas, pero eso es un engaño. De hecho, ¡puede ser otro de sus problemas! Dios quiere que hombres y mujeres vivan juntos y se amen mutuamente en el contexto del matrimonio. Desde el comienzo del tiempo, sin embargo, Satanás ha intentado engañarnos para que utilicemos el sexo por razones ilícitas; ha intentado sacar provecho propio de uno de los mayores dones de Dios. Desgraciadamente, con frecuencia ha tenido éxito.

Personas que acuden a mí buscando consejería dicen: "Quería un poco de gozo extra, un poco de emoción extra en el sexo. En cambio, se convirtió en una pesadilla". Están hablando sobre el uso ilícito que han hecho del sexo, su deseo de probar algo diferente a lo que Dios había querido.

Satanás ha engañado a hombres y mujeres con respecto al sexo de muchas maneras. Examinemos algunos de sus engaños favoritos.

El sexo no es un dios

En algunas partes del mundo el sexo es adorado. Hace dos mil años, por ejemplo, el pueblo de Éfeso adoraba a una diosa del sexo llamada Diana que se suponía que tenía doce pechos (véase Hechos 19). Yo he visitado las ruinas del templo de Diana. Al lado del templo había un cuarto para prostitutas; hombres que acudían al templo tenían relaciones sexuales con las prostitutas como parte de su "adoración".

En India, he visto templos a la diosa del sexo llamada Cali. (La ciudad de Calcuta lleva su nombre). Los adoradores cortan el cuello de una cabra y dejan que su sangre corra por debajo del ídolo de Cali, para que ella permita que una mujer conciba un hijo. Creen que Cali controla el uso del sexo.

A su propia manera, muchos americanos también adoran el sexo. Llevan ropa que acentúa sus órganos sexuales y despierta el deseo de personas del sexo contrario. Leen revistas lascivas y van a ver películas calificadas X para satisfacer su insaciable apetito de estimulación. Hay mujeres que se realizan cirugías para aumentar sus pechos, mientras que hay hombres que toman hormonas para acentuar su virilidad. Todo se hace en nombre del gran dios Sexo.

El sexo no es un dios. El sexo es un siervo de la humanidad. Dios diseñó el sexo para afianzar la unidad y la felicidad del hogar, para proporcionar una nueva generación de hombres y mujeres. Cuando estemos muertos y nos hayamos ido, nuestros hijos y nietos nos seguirán en el largo desfile del pueblo de Dios; el regalo del sexo asegura que ese desfile continuará.

El sexo es un regalo hermoso y santo, pero no ha de ser adorado.

La perversión no produce ninguna satisfacción

Satanás engaña a muchas personas para que piensen que la perversión sexual les hará felices. Las relaciones sexuales normales no les satisfacen, de modo que prueban todo tipo de estilos de vida pervertidos en un esfuerzo por encontrar lo que "es correcto para mí".

Libros enteros han sido dedicados al tema de cómo tener una aventura amorosa homosexual, cómo seducir a un hombre casado, cómo practicar una buena higiene siendo prostituta, y cosas similares. Esos sucios libros llenan las mentes de los lectores de ideas perversas que ellos no habrían tenido de otro modo; es un trágico error incluso leerlos. Una persona sana y piadosa no obtiene nada de leer literatura sobre sexo anormal y pervertido. Hay poco valor en los manuales sobre sexo que enseñan todo tipo de posiciones extrañas y exóticas para el acto sexual. Yo creo firmemente que las parejas casadas pueden enseñarse mutuamente mucho más de lo que puedan aprender nunca en un libro. El profesor Andrew M. Greeley de la Universidad de Arizona, dijo recientemente:

> Los amantes sofisticados saben que en el dormitorio, o en cualquier otro lugar, la ternura tiene un increíble poder erótico. Un beso en el cuello, el contacto de dos manos,

dedos que acarician ligeramente y rápidamente... todas esas sutiles acciones tienen un impacto erótico mucho más potente que el que tienen las acrobacias y la gimnasia de los manuales de sexo realizados sin ternura. Si lo que sucede en el lecho matrimonial no está inundado de ternura, las relaciones sexuales es probable que sean insatisfactorias y también poco frecuentes.[2]

La perversión sexual y la experimentación sexual no pueden ocupar el lugar de las relaciones sexuales honestas y abiertas entre esposo y esposa. El sexo fue creado para el matrimonio, y es ahí donde produce la mayor satisfacción.

También necesitamos mantener estas cosas en su adecuada perspectiva espiritual. Dios nos dice:

> 53. *Y a los ángeles que no guardaron su dignidad, sino que abandonaron su propia morada, los ha guardado bajo oscuridad, en prisiones eternas, para el juicio del gran día; como Sodoma y Gomorra... habiendo fornicado e ido en pos de vicios contra naturaleza, fueron puestas por ejemplo, sufriendo el castigo del fuego eterno.* (Judas 6–7)

Las personas que pervierten el sexo para ir "*en pos de vicios contra naturaleza*" están destinadas a morir. Dios las sitúa en el mismo abismo con los ángeles rebeldes que desafiaron su voluntad en el cielo. Eso es la perversión sexual: un desafío a la voluntad de Dios. Las personas de Sodoma y Gomorra fueron engañadas para pensar que prostitución, homosexualidad, bestialidad y otras perversiones eran más divertidas que las relaciones sexuales en el matrimonio. ¡Pero fueron destruidos por ello! Serán enviadas al infierno por lo que hicieron.

Puede que usted diga: "Yo no creo en el infierno". Pero eso no marca ninguna diferencia. Puede que usted no crea que el sol saldrá mañana, pero eso no evitará que suceda. Lo que usted crea no tienen nada que ver con que Dios haga cumplir su voluntad. Los hilos de la historia se dirigen hacia su conclusión inevitable, y el final traerá juicio sobre aquellos que hayan profanado el regalo de Dios del sexo.

Parejas múltiples

Satanás ha engañado a muchas personas para que piensen que disfrutarán más del sexo si tienen relaciones sexuales con diversas personas. Esto podría denominarse "parejas múltiples". Lo vemos expresado en la prostitución, la promiscuidad y el adulterio que manchan cada nivel de nuestra sociedad.

En tiempos bíblicos, la forma más común de parejas múltiples era la poligamia: la práctica de casarse con más de una esposa. Estaba permitido en el mundo del Antiguo Testamento; de hecho, la costumbre dictaba que un hombre acomodado debería tener muchas esposas. El primer polígamo registrado en la Biblia fue Lamec (véase Génesis 4:23–25); él tuvo dos esposas. Algunos hombres, como el rey Salomón, tuvieron cientos de esposas. Cuando yo era misionero en Hong Kong y en Manila, conocí a algunas parejas polígamas, y ninguna de ellas era feliz. Creo que sus problemas eran típicos de los que cualquiera en los Estados Unidos se encuentra cuando tiene múltiples parejas, aunque se practique de manera diferente.

Ninguna mujer quiere recibir la mitad del amor de un hombre, y ningún hombre quiere recibir la mitad del amor de ella. El verdadero amor, especialmente cuando se expresa sexualmente, es una entrega total de uno mismo a otra persona. No es algo que se vuelve más placentero a medida que se "extiende por ahí".

Sin embargo, la Palabra de Dios dice que podemos esperar que haya más parejas múltiples a medida que nos acerquemos al juicio final. Leamos lo que Él dice por medio del profeta Isaías:

> 54. *Echarán mano de un hombre siete mujeres en aquel tiempo, diciendo: Nosotras comeremos de nuestro pan, y nos vestiremos de nuestras ropas; solamente permítenos llevar tu nombre, quita nuestro oprobio.* (Isaías 4:1)

A medida que nos acercamos al final del tiempo, las personas estarán más desesperadas por obtener satisfacción sexual. Durante la gran tribulación, la cual precederá al regreso del Señor, guerras y hambrunas diezmarán la población masculina, y habrá menos hombres para actuar como padres. Por lo tanto, varias mujeres irán tras un hombre y le dirán: "Danos hijos; no tienes que sostenernos, ni siquiera tienes que amarnos, tan solo ayúdanos a concebir hijos. No podemos soportar la vergüenza de ser estériles". Probarán las parejas múltiples, y descubrirán que el sexo es menos satisfactorio que nunca. Eso es lo que Dios predice.

Un precio a pagar

¿Ha visto alguna vez a personas jugar a "descubrir el guisante"? Parece muy sencillo. Alguien sitúa un guisante bajo una de las tres cáscaras de nuez, después mueve y cambia las cáscaras de un lado a otro encima de la mesa. El objetivo es adivinar qué cáscara tiene el guisante debajo. Pero nadie puede hacerlo. La mano de quien opera es "más rápida que el ojo", y puede engañarle para que piense que el guisante está donde no está.

Eso es exactamente lo que Satanás intenta hacer con el sexo. Intenta engañarnos para que pensemos que el verdadero gozo y la verdadera satisfacción se encuentran en el deseo, la carnalidad y la perversión. Pero sencillamente eso no es cierto. Esas son desviaciones de la vida sexual que Dios quiso que tuviéramos; no nos producirán otra cosa sino cuerpos deformados, mentes frágiles, deseos insatisfechos y esclavitud al pecado.

No quede atrapado en "el juego del guisante" de Satanás. Escuche lo que Dios le dice sobre sexo, y encontrará la satisfacción que anhela.

Notas

1. Cyvette Guerra, *The Joy Robbers* (Nashville: Impact, 1979), 10.
2. Andrew M. Greeley, "To Increase the Enjoyment of Sex in Marriage", *Reader's Digest* (septiembre 1978), 113.

9

CÓMO TRATÓ JESÚS CON LOS INFRACTORES SEXUALES

Si yo cierro, habrá otra sala de cine porno abierta mañana. Miren, no pueden decirles a otras personas lo que es para ellas... Esos asquerosos entran aquí y se masturban, o algo peor, mientras ven la película. Pero ¿y qué? Es un país libre...
—Un gerente de sala de cine[1]

Jesucristo se interesa por lo que está sucediendo a la moral sexual de nuestro mundo. Durante su ministerio terrenal en Palestina, con frecuencia confrontó a personas que participaban en adulterio, prostitución y otros tipos de perversión sexual. Criticó a los fariseos por ser demasiado tolerantes con respecto al divorcio. Explicó lo que crea una vida feliz y armoniosa en todos los aspectos, incluido el sexo.

Cuando estudiamos el trato que dio Jesús a los infractores sexuales, descubrimos que Él utilizó una amorosa firmeza para llamar a las personas a regresar al uso adecuado del sexo. Esto nos da unas valiosas perspectivas de las enseñanzas generales de Jesús sobre sexo. Vemos cuán profundamente se interesa Jesús por nuestra vida sexual.

Encontramos un buen ejemplo del interés de Jesús por los infractores sexuales en Juan 8, que relata que escribas y fariseos llevaron ante Él a una mujer a la que habían atrapado en el acto del adulterio. La Escritura nos dice que la habían sorprendido *"en el acto mismo"* de una relación adúltera con otro hombre. (Véase Juan 8:4). No había duda alguna sobre su culpabilidad, ya que ellos la habían visto en primera persona. Después de llevar ante Jesús a la adúltera, los hombres le recordaron que la ley de Dios les requería apedrear a tales personas. Le preguntaron: "¿Qué dices tú?".

Notemos que ellos no estaban interesados en la mujer; estaban interesados en demostrar un punto de la ley. Por lo que a ellos respectaba, ella era tan solo otro caso, una muestra para el juego de "mostrar y explicar" en su escuela de derecho farisea. A ellos no les importaba en absoluto si ella vivía o moría; probar a Jesús en un punto de la interpretación de la ley era su único propósito.

Jesús podía ver sus intenciones. Él dijo: *"El que de vosotros esté sin pecado sea el primero en arrojar la piedra contra ella"* (Juan 8:7). Él no cuestionó la ley; no negó la Escritura. Él sabía que su Padre celestial había dado la ley contra el adulterio por una buena razón, para evitar una ruptura total del matrimonio. Pero también sabía que discutir el caso con sus enemigos no lograría lo que la ley pretendía; no restauraría el matrimonio de la mujer ni protegería el de ninguna otra persona. Por lo tanto, Jesús se enfocó en el verdadero problema: la actitud fría e impersonal de los fariseos con respecto al sexo. El eminente erudito de la Biblia Raymond E. Brown desarrolla esto aún más:

> Jesús... reconoció que aunque ellos eran celosos de la letra de la ley, no estaban interesados en el propósito de la ley, pues el estado espiritual de la mujer ni siquiera está en cuestión, o si ella está o no arrepentida.[2]

Dios es siempre justo, pero amoroso; Él siempre condena el pecado, pero perdona al pecador que se arrepiente. Los fariseos eran demasiado estrechos de mente para ver eso; tan solo pudieron menear sus cabezas y alejarse. Y Jesús le dijo a la mujer: *"Vete, y no peques más"* (Juan 8:11).

Solo Jesús podía perdonar así a infractores sexuales. Solo Él podía ver más allá del pecado y la vergüenza que cubría sus vidas para destapar el hijo de Dios que había en el interior: la persona que tenía hambre de amor. Jesús sabía lo que estaba sucediendo en el interior de la vida de una persona. Vemos esto una vez más en su Sermón del Monte:

> 55. *Oísteis que fue dicho: No cometerás adulterio. Pero yo os digo que cualquiera que mira a una mujer para codiciarla, ya adulteró con ella en su corazón.* (Mateo 5:27–28)

Esa es una fuerte afirmación, pero nos muestra una vez más que Jesús mira la vida interior; Él enseña fortaleza y piedad interior. Independientemente de lo pura y piadosa que pueda parecer cualquier persona, si tiene pensamientos lujuriosos es culpable de lujuria.

La lujuria es común en nuestro mundo actualmente. Los hombres se sientan en bancos fuera de los supermercados y observan pasar a las mujeres, pensando para sí: "¡Cómo me gustaría tenerla! ¡Cómo me gustaría llevármela a la cama!". Esos hombres no se dan cuenta de que están pecando contra Dios tan solo al pensar eso. Están jugueteando con la idea de la infidelidad; están entreteniendo engaños de Satanás.

Jesús dijo que el adulterio no es solamente un acto físico; es una contaminación del corazón. Si usted desea hacerlo, incluso si piensa en hacerlo, ya ha traicionado a su verdadero compañero sexual. Es usted tan culpable de adulterio como si hubiera pagado una habitación de hotel una noche y se hubiera llevado a la mujer con usted. Jesucristo le juzga por lo que usted es en realidad.

Satanás intentará plantar ideas malvadas en su mente; a pesar de lo recto que usted sea, Satanás le tentará para desear a personas del sexo opuesto. Siempre que eso ocurra, comience a orar. Puede usted decir: "Señor, quítalo. No quiero ser ese tipo de persona. No soy una persona carnal en el exterior, y no quiero ser carnal en el interior. Por lo tanto, quita ese pensamiento de mi mente". ¿Sabe lo que sucederá? El Señor le hará limpio de nuevo.

José se enfrentó a este tipo de problema. Su amo, Potifar, le puso a cargo de su casa y de todas sus posesiones mientras él estaba fuera haciendo negocios. La esposa de Potifar comenzó a desear a José, y un día le dijo: "*Duerme conmigo*" (Génesis 39:7). Habría sido muy fácil para José ceder; podría haber racionalizado su pecado y haber dicho: "Bueno, ¡será mejor que haga lo que dice la esposa de mi amo!". Pero José sabía que aquello no era otra cosa sino lujuria, y lo sacó de su mente. Dijo: "*¿Cómo, pues, haría yo este grande mal, y pecaría contra Dios?*" (Génesis 39:9).

José entendía que la lujuria no era simplemente un pecado contra Potifar o la esposa de Potifar; ¡era un pecado contra Dios! Insultaba al Señor de su vida; ofendía a Aquel que había creado el impulso sexual de José. Independientemente de lo agradable que pudiera haber parecido por el momento, José sabía que esa aventura amorosa era una gran maldad, y la sacó de su mente. La esposa de Potifar siguió intentando seducirle, pero él siguió dando la espalda a la tentación. Finalmente, ella agarró sus ropas para arrastrarle hasta la cama. ¡José se zafó de sus ropas y huyó corriendo!

¡Eso sí es lo que yo llamo huir de la tentación!

Cómo evitar la ofensa

Satanás le llevará a situaciones embarazosas como esa, y usted tendrá que decidir qué hacer. Él probará su moralidad; intentará destruirle. Pero Cristo nos enseña a resistir a Satanás en cada paso del camino.

Podemos resistir las tentaciones de Satanás de diversas maneras. En primer lugar, podemos evitar situaciones que podrían meternos en problemas. Yo he estado en el ministerio durante bastantes años, y he aprendido a no estar nunca a solas con una mujer que podría pedirme que me vaya a la cama con ella. De ese modo no le doy al diablo ninguna oportunidad de realizar su trabajo sucio. Yo trato con personas abiertamente, honestamente y claramente. Mi ministerio está limpio porque no permito que Satanás ponga su pie en la puerta.

En segundo lugar, podemos evitar la tentación manteniendo nuestros pensamientos donde debieran estar. El profeta Isaías dijo: *"Tú guardarás en completa paz a aquel cuyo pensamiento en ti persevera"* (Isaías 26:3). Es difícil para Satanás meterse en ese tipo de relación; le resulta muy difícil enfocar nuestros pensamientos hacia la lujuria si estamos meditando en Dios y en su voluntad. Jesús siguió este curso de acción cuando Satanás intentó tentarle en el desierto. (Véase Mateo 4:1–11;

Lucas 4:1–13). Cada vez que Satanás comenzó a susurrar en su oído, Jesús enfocó sus pensamientos en la Escritura. En el momento en que Satanás comenzó a decir: "Piensa en lo divertido que sería hacer tal y tal cosa", Jesús le respondió con la Palabra de Dios. Pruebe eso la próxima vez que sea tentado.

En tercer lugar, podemos resistir la tentación al situar nuestras vidas en la perspectiva eterna. Con eso quiero decir que deberíamos pensar constantemente en las consecuencias eternas de lo que hacemos. Siempre deberíamos preguntarnos: "¿Va a hacerme esto más feliz en el cielo?". Créame, eso lanza un jarro de agua fría a cualquier impulso desbocado. Cuando Satanás le arrulle para pensar vagamente en sexo, esa sola pregunta puede hacerle regresar a la realidad.

Jesús hizo eso al menos en una ocasión. Él puso el matrimonio y el sexo en la perspectiva eterna, diciendo: *"Porque en la resurrección ni se casarán ni se darán en casamiento, sino serán como los ángeles de Dios en el cielo"* (Mateo 22:30).

No habrá ninguna relación sexual en el cielo; no habrá ninguna procreación de hijos allí. ¿Por qué? Porque todos serán como ángeles. Nuestra inmortalidad hará innecesaria la reproducción. El disfrute de cada persona de la presencia del Hijo de Dios eliminará la necesidad de placeres físicos. El propósito del sexo llegará a su fin, al igual que el propósito del matrimonio llegará a su fin. Bajo esa luz, cualquier pensamiento sobre parejas múltiples parece ciertamente muy necio.

Como dice la antigua canción góspel: "Este mundo no es mi hogar; tan solo estoy de paso". El sexo y el matrimonio parecen terriblemente urgentes ahora, pero tendrán muy poco valor en el programa eterno de las cosas. No estoy tomando a la ligera el sexo y el matrimonio. Por el contrario, Dios dice que nuestra conducta en esta área afectará a si vamos al cielo o al infierno. Pero Cristo dice que gratificar nuestros deseos sexuales no es lo más importante. Mientras nosotros pensamos que el mundo gira en torno al sexo y el matrimonio, Cristo ve el fin del mundo. Él dice: *"El cielo y la tierra pasarán* [sí, incluso el sexo pasará], *pero mis palabras no pasarán"* (Mateo 24:35). A. W. Tozer dio esta gráfica descripción de la actitud que muchos cristianos tienen hacia la vida presente y física:

> Los hombres piensan en el mundo no como un campo de batalla, sino como un parque de juegos. No estamos aquí para luchar; estamos aquí para juguetear. No estamos en una tierra extranjera; estamos en casa. No nos estamos preparando para vivir; ya estamos viviendo, y lo mejor que podemos hacer es librarnos de nuestras inhibiciones y nuestras frustraciones y vivir esta vida al máximo. Esto, creemos, es un justo resumen de la filosofía religiosa del hombre moderno.[3]

¡Pero eso es un engaño! No estamos en casa en este mundo presente. No tenemos derecho a buscar nuestra propia comodidad mientras el resto del mundo se va al infierno. Estamos aquí con una tarea; tenemos una misión que cumplir para el Señor. Hay muchas cosas más importantes que solucionar nuestras frustraciones y fantasías sexuales. Nuestros complejos sexuales no significarán nada en la eternidad, porque no habrá sexo en la eternidad. Cuando afirmamos este hecho con fuerza en nuestra mente, la tentación sexual pierde su atractivo.

Perdón para los infractores

Mientras pensamos en las enseñanzas de Jesús sobre sexo, deberíamos tomar nota especialmente del modo en que Él perdonó a los infractores sexuales. Él nos muestra una vez más que

Dios está preparado para dar la bienvenida de nuevo a cualquiera que se arrepienta de pecado, incluso de un pecado sexual.

Cuando Jesús viajaba por la región de Samaria, se detuvo en un pozo para beber. Una mujer llegó a llenar su cántaro en el pozo, y Jesús entabló una conversación con ella. Eso era muy inusual, porque los judíos tenían un profundo resentimiento hacia los samaritanos, quienes eran una raza mezclada, medio judíos y medio gentiles. Pero Jesús estaba tan interesado en el alma de aquella mujer que no permitió que las diferencias raciales se interpusieran en el camino. Él habló con ella. Y después de dialogar sobre teología durante unos minutos, Jesús dijo: *"Ve, llama a tu marido, y ven acá"* (Juan 4:16).

La mujer debió de haber sonreído cuando dijo: *"No tengo marido"* (Juan 4:17).

"Jesús le dijo: Bien has dicho: No tengo marido; porque cinco maridos has tenido, y el que ahora tienes no es tu marido; esto has dicho con verdad" (Juan 4:17–18).

Notemos que Jesús no la condenó por su pecado; no la avergonzó por lo que había hecho. Él la confrontó con la verdad; le dijo sin rodeos que su vida sexual necesitaba ser enderezada. Le hizo saber que Él era bien consciente de su vida promiscua, y quería que ella "enderezara las cosas" delante de Dios.

Anteriormente mencioné el incidente en el cual una mujer ungió los pies de Jesús con lágrimas (véase Lucas 7:36–50). La Biblia simplemente dice que ella era *"una mujer de la ciudad, que era pecadora"* (Lucas 7:37). El comentarista de la Biblia, Charles L. Childers, dice: "Una expresión como esta, en terminología del Nuevo Testamento, significa una prostituta".[4] La interpretación del Dr. Childers parece confirmada por el modo en que los fariseos reaccionaron a esta mujer. Ellos dijeron: *"Este, si fuera profeta, conocería quién y qué clase de mujer es la que le toca, que es pecadora"* (Lucas 7:39).

Los fariseos eran cuidadosos estudiantes de la ley. No querían contaminarse al tocar a alguien que hubiera violado los mandamientos de Dios; por lo tanto, no querían tener nada que ver con la mujer.

Pero observemos la actitud de Jesús. Él la observó arrodillarse a sus pies y llorar sin avergonzarse delante de todos los hombres; entonces ella se soltó su largo cabello y lo utilizó para secar los pies de Él, lavándolos con sus lágrimas. Jesús tuvo compasión de ella. Él podía ver más allá de su pecado de prostitución y discernir las necesidades de su corazón; por lo tanto, dijo: "*Tus pecados te son perdonados... Tu fe te ha salvado, ve en paz*" (Lucas 7:48, 50). El maestro expositor Matthew Henry escribe:

> Para quien objete, Cristo permitirá al penitente que se acerca a Él irse en paz, siendo partícipe de la salvación por la fe en su nombre. Pero ¿acaso no podemos confesar con vergüenza que aunque esperamos que nuestros pecados sean libremente perdonados, amamos poco?... En lugar de resentir en grandes pecadores la misericordia que obtienen en Cristo, al arrepentirse, deberíamos ser movidos por su ejemplo a examinarnos a nosotros mismos, para ver si ciertamente somos perdonados, y si ciertamente amamos a Cristo.[5]

Eso es la gracia de Dios en acción. De ninguna manera vemos a Jesús tratar a los infractores sexuales de manera casual y tibia. Él se toma en serio el pecado, pero también se toma en serio el arrepentimiento. Siempre que un infractor sexual acude a Él y dice: "Señor, lamento lo que he hecho", Jesús está listo para perdonar. Él está listo para perdonar la ofensa de la prostituta, el adúltero, el homosexual, o la persona culpable de cualquier otra infracción sexual. Los pecados sexuales son asuntos muy graves ante los ojos de Dios, pero Él está igualmente dispuesto a perdonar al infractor sexual como lo está a perdonar el pecado "más pequeño" de una persona piadosa.

Cristo puede hacer "algo hermoso" de su vida. A pesar de cuáles hayan sido sus pecados —incluso si ha sido sexualmente inmoral de la manera más vil—, Jesús está listo para perdonarle y limpiarle de su pecado. Él puede borrar las obras malvadas y los pensamientos malvados de su vida para siempre, si usted le da la oportunidad de hacerlo.

Notas

1. Paul Moore y Joe Musser, *Shepherd of Times Square* (Nashville: Thomas Nelson, 1979), 152.
2. Raymond E. Brown, *The Anchor Bible*, vol. 29 (Garden City, NY: Doubleday, 1966), 388.
3. Warren W. Wiersbe, ed., *The Best of A. W. Tozer* (Grand Rapids, MI: Baker, 1978), 85–86.
4. Charles L. Childers, "The Gospel according to Luke", *Beacon Bible Commentary*, vol. 6, ed. A. F. Harper (Kansas City: Beacon Hill, 1964), 485.
5. Matthew Henry y Thomas Scott, *Commentary on the Holy Bible*, vol. 3 (Nashville: Thomas Nelson, 1979), 247–48.

10

SEXO Y REALIDAD ESPIRITUAL

Bajo las figuras del afecto más tierno... el amor
Divino está representado [en el libro de Oseas] como
siempre paciente a pesar de toda la indiferencia y
oposición; y por otro lado, la descarada y desviada
infidelidad del ser amado es pintada con colores tan
repulsivos que casi asombran al sentido moral.
—James Robertson[1]

La Biblia usa el sexo para representar las verdades más profundamente espirituales. Dios tiene algunas cosas muy prácticas que decir sobre sexo; eso se debe a que Dios está intensamente interesado en nuestro bienestar y nuestra felicidad, y Él sabe que el sexo es una parte vital de nuestra felicidad. Pero estaríamos timándonos a nosotros mismos si no observáramos el lado espiritual de lo que dice la Palabra de Dios sobre sexo. Él usa símbolos sexuales para comunicar algunas de las imágenes más asombrosas del evangelio.

La relación entre la vida sexual de una persona y su vida espiritual también debe examinarse con mayor profundidad. Este es uno de los aspectos más malentendidos de la sexualidad humana. Los populares manuales sobre sexo nos harían creer que la satisfacción sexual es simplemente una cuestión de biología o de emociones, pero es también una cuestión de espíritu. Si no estamos en armonía con el Dios que nos creó como criaturas sexuales, no podemos esperar estar en armonía con nuestra pareja sexual. Además de eso, el sexo puede afectar a nuestro crecimiento espiritual.

El sexo como un símbolo espiritual

La Biblia con frecuencia utiliza el matrimonio, el adulterio, la prostitución y otros actos relacionados con el sexo para ilustrar verdad espiritual. Quizá el ejemplo más conocido de ello se encuentra en el libro de Oseas. Aquí, se dice al profeta Oseas que se case con una prostituta a fin de ilustrar el amor de Dios por su pueblo rebelde. El resultado es una de las historias más extrañas y a la vez hermosas de toda la Biblia.

> *Dijo Jehová a Oseas: Ve, tómate una mujer fornicaria, e hijos de fornicación; porque la tierra fornica apartándose de Jehová.* (Oseas 1:2)

Imaginemos lo que pensaron los vecinos de Oseas de este curso de acción. Un profeta joven y bien parecido se casa con una prostituta y dice: "El Señor me dijo que lo hiciera". Sospecho que sus amigos dijeron: "¡Ya! ¡Eso es lo que él dice! Me pregunto cuál será la verdadera historia".

Pero Dios ciertamente le había dicho a Oseas que se casara con aquella "mujer de la noche". Él ordenó al predicador convertirse en un ejemplo vivo del modo en que Dios iba a tratar a la nación extraviada de Israel. Los predicadores pueden tener algunas tareas muy difíciles, pero no puedo imaginarme un llamado más difícil que el que recibió Oseas. Dios hizo a Oseas y su esposa Gomer una lección práctica para toda la nación. Oseas pudo decirle a su pueblo: "¡Miren! Ustedes se han convertido en prostitutas con todo tipo de dioses paganos, al igual que Gomer se convirtió en una prostituta con otros hombres. Pero Dios les ama y les perdonará, al igual que yo perdoné a Gomer y me casé con ella".

Gomer demostró otra vez ser infiel. Después de haberle dado hijos a Oseas, se fue de la casa y se convirtió en la concubina de otro hombre. Oseas la corrigió y volvió a comprarla al otro hombre, haciéndola regresar una vez más a su hogar. Él nunca dejó de quererla, a pesar de su infidelidad. Como observa un comentarista, su amor por ella era "un hermoso equilibrio de amorosa ternura y severo juicio".[2]

No puedo pensar en una manera más dramática de describir el modo en que Dios nos ama y nos redime de nuestra infidelidad a Él. Cuando un esposo perdona a una esposa adúltera y hace que regrese de nuevo a su hogar, eso es verdadero perdón y amor.

Encontramos otro asombroso símbolo espiritual relacionado con el sexo en Apocalipsis 17, donde Juan ve una visión de una gran ramera montada sobre una bestia de color escarlata. Juan dijo:

> *Y la mujer estaba vestida de púrpura y escarlata, y adornada de oro, de piedras preciosas y de perlas, y tenía en*

la mano un cáliz de oro lleno de abominaciones y de la inmundicia de su fornicación; y en su frente un nombre escrito, un misterio: BABILONIA LA GRANDE, LA MADRE DE LAS RAMERAS Y DE LAS ABOMINACIONES DE LA TIERRA. *Vi a la mujer ebria de la sangre de los santos, y de la sangre de los mártires de Jesús; y cuando la vi, quedé asombrado con gran asombro.* (Apocalipsis 17:4–6)

Esta es una visión de lo que sucederá en el tiempo del fin, justamente antes de que Cristo regrese a la tierra. Juan dijo que en los últimos tiempos surgirá un poder profano y pecador en la tierra, como una gran ramera, que causará estragos en la iglesia de Jesucristo. Este poder pecador matará a miles de santos; eliminará el cristianismo tal como lo conocemos en la actualidad. La imagen de la ramera es un claro contraste con la esposa de Cristo: la iglesia fiel que consumará su amor con Cristo al final de los tiempos. (Véase Apocalipsis 21:9–21). Ciertamente, creo que la ramera simboliza a una iglesia infiel, una iglesia que se prostituye siguiendo a otros señores aparte de Cristo. La ramera significa una "iglesia mundial" inspirada por Satanás mismo, la cual se aliará con el anticristo y blasfemará el santo nombre de Jesús. Esta "iglesia mundial" negará el nacimiento virginal; negará los milagros de Jesús; de hecho, negará la Biblia misma. Al entregarse a todo tipo de prácticas impuras, estará montada sobre el sistema del anticristo, la bestia. Dios llama ramera a esta iglesia infiel porque venderá su alma al diablo.

Amigo, tiempos terribles vendrán a esta tierra. Como veremos en el capítulo siguiente, estamos a punto de entrar en un período de gran sufrimiento y tribulación que conduce al regreso de Jesús. Muchas personas no sobrevivirán; muchos cristianos se apartarán del Señor. Los incrédulos echarán su suerte con la iglesia infiel, "la gran ramera", en lugar de seguir a Jesús; y serán destruidos al final. Debiéramos prestar mucha atención a estos símbolos relacionados con el sexo, porque Dios puede utilizarlos para enseñarnos lecciones cruciales.

Otro símbolo relacionado con el sexo de los tiempos del fin se encuentra en Mateo 25, donde Jesús describe lo que sucederá justamente antes de que Él regrese. Dice que el reino de los cielos será como diez vírgenes que esperan a su futuro esposo. Cinco de las vírgenes son sabias; compran una generosa cantidad de aceite para aguantar a lo largo de la noche, de modo que estén seguras de mantener sus lámparas encendidas cuando llegue el joven. Pero las otras cinco vírgenes son necias, porque permitieron que sus lámparas ardieran con una escasa cantidad de aceite, esperando que el joven llegase pronto.

Pasa la noche, y el joven se retrasa. A medianoche escuchan gritar a uno de los asistentes: "*¡Aquí viene el esposo; salid a recibirle!*" (Mateo 25:6).

De repente, las cinco vírgenes necias se dan cuenta de que sus lámparas no tienen aceite, y suplican a las cinco vírgenes sabias que les den parte de su aceite; pero ellas responden: "*Para que no nos falte a nosotras y a vosotras, id más bien a los que venden, y comprad para vosotras mismas*" (Mateo 25:9). Entonces, las cinco vírgenes necias se apresuran a ir a la tienda y comprar más cantidad de aceite, mientras que sus cinco amigas entran en el salón del banquete con el joven esposo. Cuando las cinco vírgenes necias regresan, el salón del banquete está cerrado; ellas llaman a la puerta y gritan que se les permita entrar, pero el joven dice: "*De cierto os digo, que no os conozco*" (Mateo 25:12). (Quizá él piensa que son prostitutas, porque ¿qué otro tipo de mujer estaría recorriendo las calles en la noche?).

La moraleja de la historia, dijo Jesús, es que debemos estar siempre preparados para recibirle. Nadie sabe cuándo regresará Cristo a la tierra para reclamar a su pueblo.

Observemos una vez más el modo tan gráfico en que Dios ha ilustrado esta verdad espiritual utilizando el símbolo del sexo. Una virgen es una mujer no casada que se guarda del sexo ilícito. No ha permitido el sexo prematrimonial o el flirteo promiscuo; se ha mantenido pura para el hombre que ella sabe que algún día le pedirá que se case con él. De la misma manera, dice Jesús, deberíamos guardarnos espiritualmente puros hasta que Él regrese para reclamarnos como suyos.

El sexo y su vida espiritual

Podríamos examinar varios otros ejemplos del modo en que Dios utilizó el sexo para hacer entender un mensaje espiritual. La Biblia está llena de tales pasajes, y los que he citado proporcionan una muestra de ellos. Por ahora, sin embargo, pensemos en el vínculo existente entre el sexo y su propia vida espiritual. ¿Cómo afecta su conducta sexual a su relación con Dios?

Incluso en tiempos del Antiguo Testamento, Dios mostró a su pueblo que su vida sexual y su vida espiritual se influencian mutuamente. Esta conexión es el motivo por el que Dios estableció tantas regulaciones con respecto al matrimonio, el motivo por el que era tan protector en asuntos de adulterio y promiscuidad. Él dio a los hombres y las mujeres el regalo del sexo por razones sanas y santas, y no quería verlo profanado. Además, Él sabía que una vida sexual extraviada conduciría a la persona a deshonrar a Dios en otras áreas; sería el primer paso hacia el deterioro espiritual a gran escala. Por lo tanto, Dios reguló la conducta de la vida sexual de la persona con gran cuidado.

El libro de Levítico contiene algunas leyes muy interesantes que revelan el vínculo existente entre lo sexual y lo espiritual. Por ejemplo, Levítico 15 prohíbe que un hombre adore en el templo si ha mantenido recientemente contacto sexual o si ha tocado a una mujer durante su periodo menstrual:

> 56. *Cuando el hombre tuviere emisión de semen, lavará en agua todo su cuerpo, y será inmundo hasta la noche. Y toda vestidura, o toda piel sobre la cual cayere la emisión del semen, se lavará con agua, y será inmunda hasta la noche. Y cuando un hombre yaciere con una mujer y tuviere emisión de semen, ambos se lavarán con agua, y serán inmundos hasta la noche. Cuando la mujer tuviere flujo de sangre, y su flujo fuere en su cuerpo, siete días estará apartada; y cualquiera que la tocare será inmundo hasta la noche.* (Levítico 15:16–19)

Los eruditos discuten sobre lo que significa este pasaje; ciertamente, no puede significar que estos procesos naturales sean malvados. Creo que muestra que Dios esperaba que la persona pasara algún tiempo en meditación y oración, preparándose para la adoración antes de entrar en la casa de Dios, y Dios sabía que una persona que estuviera pensando demasiado en cosas físicas no podía adorarle de todo corazón.

Quizá el comentario de Matthew Henry sea también útil en este punto. Él dice: "Estas leyes nos recuerdan que Dios ve todas las cosas, incluso las que están ocultas de los ojos humanos, y escapan a las censuras de los hombres".[3] Como hemos estado diciendo todo el tiempo, Dios no hace separación alguna entre la vida física y la vida espiritual de una persona: ambas son partes de la misma vida. Cualquier cosa que usted haga sexualmente afectará a todos los demás aspectos de su vida, incluida su adoración. Dios quiere que tenga usted en mente eso.

En las cartas de Pablo, él con frecuencia advierte a los primeros cristianos que mantengan pura su vida sexual debido a los efectos que eso tendrá en su vida espiritual. Aquí tenemos una de tales advertencias de la primera carta de Pablo a los Corintios:

> *57. Huid de la fornicación. Cualquier otro pecado que el hombre cometa, está fuera del cuerpo; más el que fornica, contra su propio cuerpo peca. ¿O ignoráis que vuestro cuerpo es templo del Espíritu Santo, el cual está en vosotros, el cual tenéis de Dios, y que no sois vuestros? Porque habéis sido comprados por precio; glorificad, pues, a Dios en vuestro cuerpo y en vuestro espíritu, los cuales son de Dios.* (1 Corintios 6:18–20)

Muchos de nosotros hemos memorizado el versículo 19, que dice: "*¿O ignoráis que vuestro cuerpo es templo del Espíritu Santo… y que no sois vuestros?*". Yo he oído citar este versículo para condenar fumar cigarrillos, consumo de drogas y de alcohol. Todas esas son aplicaciones válidas, ¡pero la aplicación original era al sexo! Dios nos dice que nuestros cuerpos son templos santos donde Él puede vivir y reinar; pero contaminamos esos templos si permitimos la promiscuidad. Una vida licenciosa expone nuestro cuerpo a enfermedades venéreas e infecciones que conducen a enfermedades cardíacas, ceguera o locura. Para decirlo con claridad, *la promiscuidad puede destruir el templo de Dios.* Puede arruinar cualquier oportunidad que tengamos de servir a Dios con nuestro cuerpo físico. Por lo tanto, la promiscuidad plantea un peligro tanto físico como espiritual, demostrando una vez más que la sexualidad y la espiritualidad no pueden separarse de manera clara.

Cualquiera que viva una vida de perversión sexual no puede ser un cristiano victorioso. Eso debería ser obvio. Una prostituta no glorifica a Cristo con la manera en que vive; un homosexual no honra al Señor con el templo de su cuerpo. No es necesario ser un teólogo para entender eso. Cualquier práctica que abuse del cuerpo que Dios nos ha dado o lo corrompa es una vergüenza y una burla para el evangelio; corta el testimonio que una persona de otro modo pudiera dar para el Señor. Los cristianos deben eliminarlo de sus vidas; deben librarse de cualquier desviación o pecado sexual a fin de vivir una vida que sea santa para el Señor.

Anarquía moral

La inmoralidad sexual tiene consecuencias espirituales también para las naciones. Personas impías constituyen una nación impía, y Dios no dejará de castigar a una nación que se aleje de Él. D. Elton Trueblood destacó esto en su libro titulado *Foundations for Reconstruction* [Fundamentos para la Reconstrucción], escrito justamente después de la Segunda Guerra Mundial.

> La corrupción sexual es uno de los principales síntomas de una sociedad enferma y decadente. El orden correcto de las relaciones entre los sexos es tan importante para una cultura, que cualquier cultura que no trate de modo realista el problema es probable que se rompa en pedazos.[4]

¿Acaso no es eso lo que vemos en América actualmente? Familias se rompen, negocios fracasan, y el gobierno mismo está cayendo en la corrupción debido al sexo inmoral y a las actitudes egoístas que lo acompañan. Vivimos en una era hedonista que desafía las leyes morales del Dios todopoderoso; pero nadie puede revocar las leyes de Dios. El pervertido sexual, la prostituta y el adúltero no niegan la ley de Dios, sencillamente la ilustran. Sus historias no terminarán hasta el día del juicio cuando Cristo regrese.

Hace varios años, cuando yo era misionero en Sudamérica, vivía en un recinto con otras ocho o diez familias misioneras. Una de las mujeres era una incurable mujer de mundo; en lenguaje común, ella era "de la calle". Creo que esa mujer asistía a cada fiesta que se realizara a poca distancia de las instalaciones de nuestra misión; en raras ocasiones estaba en su casa porque pasaba la mayor parte de las horas del día callejeando por la ciudad en el jeep de su esposo "buscando acción". Para ser sincero, ella no era una persona muy espiritual, y yo sospechaba que tenía algunos hábitos que no eran nada propios de un cristiano.

Un día, esa señora se enfermó y me envió a decir que acudiese a orar por ella. Yo respondí que estaba ocupado y no podía ir. De nuevo me envió un mensaje para que fuese, y de nuevo yo decliné. Finalmente, vino su esposo y me dijo: "¿No va a ir y orar?".

"Sí, iré", dije yo, "pero no tengo prisa".

"¿Por qué no?", preguntó él.

"He estado realizando reuniones de avivamiento durante varios días, y no la he visto un solo día en la iglesia", dije.

"¡Pero ella ha estado ocupada!".

"Hermano", le dije, "su esposa ha estado haciendo cosas impías con personas impías, y viviendo un modo de vida impío en la ciudad en lugar de asistir a la iglesia. ¿Cree que tan solo porque ella dé un chasquido con sus dedos yo debiera salir corriendo?".

Mi amigo no esperaba eso. Se fue con una expresión de asombro en su rostro.

Al final acudí a visitar a la mujer. Ella dijo: "¡Oh, gracias a Dios que está aquí! Ore por mí, hermano Sumrall. ¡Ore por mí!".

"No", le dije. "Preferiría hablar con usted. ¿Por qué no ha estado en la iglesia?".

"Ah, he estado tan ocupada que sencillamente no he tenido tiempo de asistir", dijo. "Quizá haya estado demasiado ocupada".

"Bueno, me parece que tiene la intención de mantenerse demasiado ocupada", le respondí. "Dios le ha puesto donde usted no esté tan ocupada".

"¿Y no va a orar por mí?".

"Sí, oraré con usted cuando terminemos de hablar", le dije. "¿Está preparada para arrepentirse de sus pecados?".

Ella no respondió.

"¿Está preparada para pedir perdón a Dios? ¿Lo está?".

Sus ojos se llenaron de lágrimas, y yo pude sentir que finalmente ella estaba haciendo frente a su pecado. "Sí", dijo, "quiero arrepentirme. Lamento lo que he hecho".

Por lo tanto, le conduje en una oración del pecador, pidiendo a Dios que perdonase sus pecados. Entonces puse mi mano sobre su frente y oré sinceramente para que Dios volviera a sanarla. El Espíritu del Señor se movió poderosamente, y pude sentir su poder fluyendo al cuerpo de ella. ¡Ella fue sanada inmediatamente!

No podemos escapar de la ley moral de Dios, independientemente de lo "hábiles" que seamos. Llegará el día en que debamos admitir todos los pecados, incluso los pecados secretos y sexuales, que se interponen entre nosotros y Dios.

Su vida espiritual y el sexo

Sí, la vida sexual puede afectar a la vida espiritual; pero lo contrario es también cierto. El sexo es predominantemente una cosa espiritual, y la victoria en los problemas de sexo con frecuencia comienza con oración.

Encontramos un conmovedor ejemplo de esto en el Antiguo Testamento, que nos relata que una mujer llamada Ana fue al templo y oró para que Dios le permitiera concebir un hijo. Su esposo tenía otra esposa que le daba hijos, pero Ana era estéril; la Biblia nos dice que la otra esposa *"la irritaba, enojándola y entristeciéndola, porque Jehová no le había concedido tener hijos"* (1 Samuel 1:6). Los israelitas creían que Dios controlaba la vida sexual de la persona; ellos confiaban en que Él bendijese sus matrimonios con hijos, y consideraban que la esterilidad era una maldición. Por lo tanto, Ana lloraba y oraba para que Dios le diese un hijo. Esto es lo que sucedió:

> *Y levantándose de mañana, adoraron* [Ana y su esposo] *delante de Jehová, y volvieron y fueron a su casa en Ramá. Y Elcana se llegó a Ana su mujer, y Jehová se acordó de ella. Aconteció que al cumplirse el tiempo, después de haber concebido Ana, dio a luz un hijo, y le puso por nombre Samuel, diciendo: Por cuanto lo pedí a Jehová.*
>
> (1 Samuel 1:19–20)

Millones de mujeres han recibido hijos de esa misma manera. Ellas saben que el sexo es dado por Dios, que los hijos mismos son dados por Dios, de modo que no les da vergüenza llevar su petición al Señor. Yo he orado personalmente por muchas mujeres que no podían concebir, y Dios les ha permitido tener hijos. Sé que la relación de una persona con el Señor puede afectar a su vida sexual.

Si se enfrenta usted a un problema sexual que parece no tener solución, cobre ánimo, ¡Dios puede hacer un milagro para usted! Él puede liberarle de inhibiciones y temores acerca del sexo; puede quitar el deseo lujurioso de participar en relaciones sexuales ilícitas; puede darle la capacidad de tener hijos, de disfrutar del sexo con su pareja, de llegar a ser usted mismo una mejor pareja sexual. Él puede hacer todas esas cosas porque su vida sexual está envuelta en su vida espiritual.

Pero tenga cuidado de no permitir que el sexo se convierta en el propósito principal de su vida. Es importante recordar que el sexo es un regalo, y no una meta; es una estación en el camino, no el Camino. La meta y el propósito principales de su vida deberían ser honrar y glorificar al Señor.

A veces es incluso necesario abstenerse del sexo para cumplir esa meta. Encontramos esto en una de las instrucciones de Dios a las parejas casadas:

> 58. *No os neguéis el uno al otro, a no ser por algún tiempo de mutuo consentimiento, para ocuparos sosegadamente en la oración; y volved a juntaros en uno, para que no os tiente Satanás a causa de vuestra incontinencia.* (1 Corintios 7:5)

En otras palabras, puede que haya épocas en que una pareja decida abstenerse de las relaciones sexuales para dedicarse a un período de oración acerca de una preocupación especial. Eso no significa que el sexo sea malo, al igual que ayunar no significa que comer sea malo. Este tipo de abstinencia simplemente significa que una persona está dispuesta a dejar a un lado las funciones normales del cuerpo durante un breve período, a fin de concentrarse más completamente en la oración y la meditación. Esta es una buena disciplina, pero al igual que el ayuno, debería hacerse solamente durante un período limitado. Al igual que un ayuno prolongado puede destruir el cuerpo, la continencia prolongada puede destruir un matrimonio.

Mientras hablamos de este tema, podría estar interesado en el razonamiento que se encuentra detrás de la norma del celibato de la iglesia católica. Como sabe, la iglesia católica no permite a sus sacerdotes, monjas o monjes casarse. Muchos de ellos viven en monasterios o conventos, prácticamente aislados del contacto con personas del sexo opuesto. Se podría pensar que eso se debe a que la iglesia católica cree que el sexo es malo; pero precisamente lo contrario es cierto. De hecho, un poco de investigación muestra que esta costumbre procede de un profundo respeto por la relación sexual en el matrimonio. Los católicos siguen la norma del celibato porque saben que el sexo debería demandar el compromiso pleno de un cónyuge en el matrimonio. El papa Pío XII lo explicó en estos términos:

> Porque la obligación de la vida matrimonial… claramente demanda: "Los dos serán una sola carne". Los cónyuges han de estar unidos el uno al otro mediante vínculos mutuos tanto en la alegría como en la tristeza. Es fácil ver, por lo tanto, por qué personas que deseen consagrarse a sí mismas al servicio de Dios aceptan el estado de la virginidad como una liberación, a fin de estar más completamente a disposición de Dios y dedicadas al bien de su prójimo.[5]

Yo no soy católico, y ciertamente no estoy de acuerdo con el dogma católico, pero esta afirmación me parece extremadamente fascinante, pues afirma el hecho de que el sexo demanda el compromiso al cien por ciento de la vida de una persona. Los líderes de la iglesia católica se abstienen de las relaciones sexuales todo el tiempo para estar seguros de no distraerse de la obra de Dios, porque saben que el sexo y el espíritu están interrelacionados.

El sexo es ciertamente un compromiso al cien por ciento. Implica cada parte del carácter de la persona. Si queremos tener una relación sexual sana, no podemos pensar en el sexo tan solo en términos de biología. Pensemos en términos de psicología, debido a la implicación de las emociones. Pensemos en términos de filosofía, debido a la implicación de la mente. Y pensemos en términos de la Biblia, debido a la implicación del alma. El sexo hace que dos personas tengan comunión la una con la otra en los niveles más profundos de su ser; y tengan comunión con Dios al mismo tiempo.

Notas

1. James Robertson, "Hosea", *International Standard Bible Encyclopedia*, vol. 3, ed. James Orr et al. (Grand Rapids, MI: Eerdmans, 1939), 1426.
2. Francis Davison, ed., *The New Bible Commentary* (Grand Rapids, MI: Eerdmans, 1954), 682.
3. Matthew Henry y Thomas Scott, *Commentary on the Holy Bible*, vol. 1 (Nashville: Thomas Nelson, 1979), 260.
4. D. Elton Trueblood, *Foundations for Reconstruction*, edición revisada (Waco, TX: Word, 1972), 71.
5. Anne Fremantle, *The Papal Encyclicals in Their Historical Context* (New York: Mentor-Omega, 1963), 301.

11

SEXO Y LOS ÚLTIMOS TIEMPOS

En un momento en la historia en que las normas de conducta están en lo más bajo, y cuando las barreras de la santidad están siendo derribadas por promiscuidad, impureza e irregularidades sexuales, los cristianos debieran estar a la altura del desafío de vivir para Dios de tal manera que el mundo sepa que son verdaderos seguidores de Jesucristo.
—Harold Lindsell[1]

Me he sentido profundamente impulsado a preparar estos estudios sobre sexo en el momento presente. Nunca antes la moralidad cristiana ha estado bajo un ataque tan fuerte. Indecencia e inmoralidad desfilan delante de nuestros propios ojos cada día: en librerías, en la televisión, e incluso en las calles públicas. Los sociólogos nos dicen que nuestro país ha experimentado una revolución sexual y, por lo tanto, podemos esperar cambios radicales en el modo en que utilizamos el sexo. Pero Dios arroja una luz diferente sobre el tema. Según su Palabra, los amplios estilos de vida sexual de nuestra época son una señal de que su Hijo, Jesucristo, está a punto de regresar y juzgar al mundo. Podemos leerlo en la Biblia:

> 59. *Como fue en los días de Noé, así también será en los días del Hijo del Hombre. Comían, bebían, se casaban y se daban en casamiento, hasta el día en que entró Noé en el arca, y vino el diluvio y los destruyó a todos. Asimismo como sucedió en los días de Lot; comían, bebían, compraban, vendían, plantaban, edificaban; mas el día en que Lot salió de Sodoma, llovió del cielo fuego y azufre, y los destruyó a todos. Así será el día en que el Hijo del Hombre se manifieste.* (Lucas 17:26–30)

Pensemos en esto por un momento. Pensemos en la situación en nuestra tierra actualmente y comparémosla con el mundo en la época de Noé. Comparémosla con la atmósfera de Sodoma y Gomorra justamente antes de que Dios hiciera descender su juicio. ¿Puede ver alguna similitud?

Amigo, estamos viviendo en esos últimos tiempos. Estamos a punto de ver el regreso del Señor Jesucristo para reunir a su pueblo. Quiero que usted esté preparado para su venida. Quiero que su vida sea pura y santa ante los ojos de Dios, de modo que Él le mire y diga: *"Bien, buen siervo y fiel"* (Mateo 25:21).

Los pecadores de la época de Noé no renunciaron a su pecado, incluso cuando Noé les advirtió que Dios destruiría su mundo. Los homosexuales y prostitutas de Sodoma no prestaron atención alguna a sus vecinos piadosos como Lot hasta que fue demasiado tarde para cambiar sus caminos. Y lo mismo sucede en la actualidad. Las personas que pervierten el sexo tan solo se ríen ante sus amigos cristianos; ridiculizan lo que Dios está intentando decirles. Presumen de su "libertad recién encontrada" y alientan a otras personas a que se unan a ellos, tentando incluso a cristianos a que adopten sus estilos de vida desviados.

Recordemos a la esposa de Lot. Ella estaba siendo liberada del terrible juicio que Dios derramó sobre Sodoma y Gomorra, pero en el último minuto ella miró atrás. Con curiosidad por ver lo que sería de sus vecinos pecadores, se preguntaba si ellos realmente serían castigados tan duramente como dijo Dios. Miró atrás con anhelo, y se convirtió en una estatua de sal.

Permítame decirlo de nuevo: estamos viviendo en los últimos tiempos. Por lo tanto, no se contamine usted mismo con los pecados de este mundo; no los estudie con ociosa curiosidad, ni se sienta cómodo con el sexo ilícito y diga: "Quizá no sea tan malo". El pecado es siempre malo. El pecado le destruirá. Dios dice: *"La paga de pecado es muerte"* (Romanos 6:23), y ese es el precio que se puede esperar pagar a cambio de sexo inmoral.

> 60. *También debes saber esto: que en los postreros días vendrán tiempos peligrosos. Porque habrá hombres amadores de sí mismos, avaros, vanagloriosos, soberbios... amadores de los deleites más que de Dios, que tendrán apariencia de piedad, pero negarán la eficacia de ella; a éstos evita.*
>
> (2 Timoteo 3:1–2, 4–5)

"Amadores de sí mismos, avaros, vanagloriosos, soberbios... amadores de los deleites más que de Dios". ¡Eso describe muy bien a muchas personas de nuestra época! Egoístas y amadores de

sí mismos, creen que el sexo es tan solo un ejercicio de autogratificación. Pero a pesar de todos esos esfuerzos por edificar el yo, están más solos e insatisfechos con la vida que cualquier otra persona haya estado nunca. Han descubierto que el sexo exótico es tan decepcionante como todos los otros "viajes del ego" populares. En el proceso, sus vidas se han convertido en un patético desperdicio.

Irónicamente, muchas personas buscadoras de placer van por la vida con "*apariencia de piedad, pero negarán la eficacia de ella*". Van a la iglesia el domingo y cantan "Sublime gracia", pero su modo de vida niega que Dios haya hecho algo sublime para ellos. La búsqueda de satisfacción está en el sexo, en las drogas, en el aprendizaje superior, o en cualquier otro número de otras cosas, pero es fútil. Dios predijo este curso de eventos. Dijo con antelación en su Palabra que los incrédulos buscadores de placer llegarían a estar cada vez más insatisfechos a medida que nos acercamos al final de los tiempos. Esa profecía se está haciendo realidad justamente ahora.

Millones de americanos están viviendo en inmoralidad. Los sociólogos nos dicen que la mitad de las novias que recorren el pasillo hasta el altar en la actualidad no son vírgenes; han practicado sexo prematrimonial. Cerca del noventa por ciento de los hombres jóvenes han participado en el sexo prematrimonial. Para expresarlo con términos bíblicos, esos hombres y mujeres han cometido fornicación; y después se preguntan por qué el matrimonio les decepciona. En palabras de Jesús: "*¿No erráis por esto, porque ignoráis las Escrituras, y el poder de Dios?*" (Marcos 12:24). No han escuchado lo que Dios dice sobre sexo.

Podemos esperar que las cosas empeoren. Nuestra sociedad se deslizará hacia gran inmoralidad y las personas darán por hecho su derecho a vivir en perversión. No se sorprenda si los agentes de Satanás consiguen que "los derechos de los gays" estén escritos en la Constitución. No se sorprenda si comienzan a vender paquetes para abortar usted mismo. No se sorprenda si hacen de la relación sexual un "examen final" obligatorio para los cursos de educación sexual en la secundaria. Tales cosas parecen una locura ahora, pero ¿quién habría pensado hace veinte años que los hospitales tendrían que realizar a las muchachas adolescentes abortos según demanda? La moralidad sexual de nuestro país está en una larga pendiente descendente, y se moverá cada vez con mayor rapidez a medida que nos acerquemos al tiempo del regreso del Señor.

> El final de la era manifestará esas cualidades de maneras peores de lo que lo ha hecho hasta aquí. Por eso el cristiano no cree ni por un momento que los hombres vayan a mejorar o que una era dorada esté a la vuelta de la esquina. Para el pueblo de Dios, estos desarrollos no deberían considerarse una desgracia, aunque sufrirán gravemente. En cambio, deberían considerarlos una señal de esperanza que presagia el pronto regreso del Señor. Deben levantar la vista y mirar hacia arriba, porque su redención se acerca; ciertamente, ¡puede que esté más cerca de lo que los hombres piensan![2]

El Dr. Lindsell tiene razón. La decadente fibra moral de nuestro tiempo nos recuerda a los cristianos que nuestra liberación casi ha llegado. Nuestro Salvador está a punto de regresar. Estamos a punto de consumar el acontecimiento espiritual más glorioso que el sexo representa: la unión de Cristo con su esposa, la iglesia. Será la "boda" más feliz que este universo haya conocido jamás. Nos llevará a estar juntos con Cristo en verdadera intimidad y compromiso, y conoceremos de primera mano el amor que el matrimonio humano ha presagiado durante todos estos siglos. Entonces el sexo pasará. La inmoralidad pasará. El matrimonio pasará, cuando vivamos y reinemos con Cristo.

¿Está preparado para encontrarse con el Señor, o es usted una de las señales pecadoras de su venida? ¿Está preparado para heredar el reino con Él, o se apagará la lámpara de su alma antes de que Él regrese? De un modo o de otro, usted participará en su regreso. Nadie quedará fuera.

Si no está viviendo una vida que sea digna de la novia de Él, permita que Jesús entre en su corazón en este momento. Prepárese para disfrutar del placer de su presencia para siempre jamás. Esté preparado para el día en que todas las preocupaciones físicas de esta vida, incluido el sexo, ya no existan. El gozo del sexo terminará, pero será sustituido por *"gozo inefable y glorioso"* (1 Pedro 1:8). Ese gozo puede ser de usted.

Notas

1. Harold Lindsell, *The World, the Flesh, and the Devil* (Washington, D.C.: Canon, 1974), 110–111.
2. Ibid., 216–217.

MI RETO PARA USTED

Si Jesús regresara hoy, ¿estaría usted preparado? Si no está seguro, le invito a recibir a Jesús como su Salvador en este momento. Será lleno de esperanza y paz que solamente Jesús puede ofrecer.

Haga esta oración en voz alta:

> Querido Señor Jesús, soy pecador. Creo que tú moriste y resucitaste de la muerte para salvarme de mis pecados. Quiero estar contigo en el cielo para siempre. Dios, perdóname por todos los pecados que he cometido contra ti. Aquí y ahora abro mi corazón a ti y te pido que entres en mi corazón y en mi vida, y seas mi Salvador personal. Amén.

Cuando usted hace la oración del pecador sinceramente, Él entrará al instante. Es usted ahora hijo de Dios y ha sido transferido del dominio del diablo al reino de Dios.

Lea 1 Juan 1:9 y Colosenses 1:13.

—Lester Sumrall

ACERCA DEL AUTOR

Lester Sumrall (1913–1996), pastor y evangelista de renombre mundial, entró en el servicio a Dios a tiempo completo después de experimentar lo que él recordaba como lo más dramático e importante que le sucedió jamás.

A los diecisiete años de edad, cuando estaba en su lecho de muerte sufriendo de tuberculosis, recibió una visión: suspendido en el aire a la derecha de su cama había un ataúd; a su izquierda había una gran Biblia abierta. Oyó las siguientes palabras: "Lester, ¿cuál de estas cosas escogerás esta noche?". Él tomó su decisión: predicaría el evangelio mientras viviera. Cuando se despertó a la mañana siguiente, estaba totalmente sano.

El Dr. Sumrall ministró en más de 100 países del mundo, incluyendo la Siberia soviética, Rusia, Tíbet y China.

En el año 1987 estableció Feed the Hungry. Además, escribió más de 130 libros. Su asociación evangelística (LeSEA), con sus oficinas centrales en South Bend, Indiana, sigue difundiendo activamente la Palabra de Dios. La meta del Dr. Sumrall era ganar un millón de almas para el reino de Dios, y el ministerio continúa con esa visión. El ministerio LeSEA incluye esfuerzos de alcance como el instituto bíblico World Harvest Bible College, estaciones de radio y de televisión, un ministerio de enseñanza mediante audio y numerosas publicaciones.